데이터와
사례로 보는
미래의
직장

데이터와
사례로 보는
미래의 직장

일자리 변화, 주4일제,
디지털 전환, DEI·ESG

이중학 지음

클라우드나인

추천사

5년 후, 10년 후 우리 직장은 어떤 모습으로 바뀌어 있을까
김성준, 국민대학교 경영대학원 교수

결정적 국면critical juncture이라는 개념이 있다. 사회적 질서나 삶의 양태를 급격하게 변화시키는 내외부 동인을 말한다. 인류 역사상 요즘과 같이 결정적 국면이 동시다발적이고 다층적으로 벌어지는 시기가 또 있을까?

그 결정적 국면은 특히 우리가 일하는 직장에도 강력한 영향을 미치고 있다. 무엇보다 코로나19를 들 수 있다. 대기업은 전통적으로 '눈앞에서 일해야 제대로 일하는 거다.' '책상에 오래 앉아 있는 사람이 고성과자다.'라는 암묵적인 신념을 갖고 있었다.

그 때문에 기술적으로나 업무적으로 팬데믹 이전부터 재택근무를 시행할 수 있었음에도 언감생심 꿈도 꿀 수 없었다. 그런데 코로나19가 온 세상을 덮치자 우리 기업들은 불가피하게 재택근무를 선택할 수밖에 없었다. 그 결과 그동안 우리가 가지고 있었던 암묵

적인 신념들이 과연 합리적인가에 대한 재점검이 이루어지고 있다.

또 다른 거대한 동인은 바로 인공지능이다. 2016년 알파고가 이세돌 9단과의 대결에서 내리 승리하면서 온 국민이 충격에 빠졌다. 인공지능이 우리 세계와 직업에 어떤 영향을 미칠지에 관한 낙관론과 비관론이 용호상박해 왔다. 특히 최근 가장 진보한 인공지능인 GPT-3, 챗GPT가 공개되면서 많은 산업에서 긴장하고 있다. 앞으로 사라질 직업들, 유망직종으로 부상할 직업들은 무엇이 될까? 과연 다가올 미래에 직장인들은 어떻게 일하고 있을까?

마지막으로 우리나라의 특수성으로 인한 인구 구조의 변화를 꼽을 수 있다. 생산가능인구는 현저히 줄어들고 점차 고령화되고 있다. 과거에는 팀장과 임원이 일반 구성원보다 나이가 많았기에 전통적으로 지켜왔던 가치인 장유유서에 따라 직장생활을 할 수 있었다. 그런데 최근 몇 년 사이 팀장보다 나이가 많은 팀원이 늘고 있다. 그와 동시에 디지털 네이티브로 대변되는 Z세대 구성원이 조직에 유입되고 있다. 5년 후, 10년 후 우리 직장은 어떤 모습으로 바뀌어 있을까?

이 책은 향후 벌어질 일터의 변화를 다루고 있다. 특히 저자는 데이터를 기반으로 현상과 예측을 다룬다. 저자가 직접 연구한 결과와 유수의 학자들이 함께 고민한 연구를 소개하고 있어서 그 내용이 신뢰할 만하다. 이 책을 통해 미래 직장의 모습을 미리 앞당겨 살펴보시라.

들어가며
상상이 아니라 데이터와 사례로 미래의 직장을 그려보자

현대 조직에서 데이터 기반 의사결정은 인사, 마케팅, 재무 등 조직 활동 전반에까지 일반화되었고 그 속도는 더욱 빨라지고 범위도 넓어지고 있습니다.[1] 우리가 데이터 분석을 하는 주요한 목적 중 하나는 미래를 예측하기 위함입니다.

경영진과 구성원은 현재를 파악하는 데도 관심이 있지만 미래에 어떤 일이 어떻게 벌어질지를 내다보는 데 더욱 큰 관심이 있습니다.[2] 가령 '내년에는 20대에게 어떤 소형 가전이 가장 많이 팔릴까?' '내년에는 어떤 여성 관리자를 임원으로 승진시키면 고성과를 낼까?' 등의 구체적인 질문에 답을 하기 위해 데이터와 여러 분석 기법이 활용됩니다.

그런데 우리가 자주 놓치는 것이 있습니다. 바로 '왜' 예측 분석을 하는가입니다. 경영진과 구성원이 궁금해하는 것을 해결하기 위해서만은 아닙니다. 예측의 주요 목적은 미래에 다가올 일을 준비하기 위함입니다. 특히 예측 분석 중에서 '조직 구성원 중 누구를 C레벨 후보로 선발할 것인가?'는 중요한 주제입니다. 고성과를 내고 지속가능한 조직을 만들 최고경영자를 빠르게 선발할 수 있다면 다양한 기회와 교육을 제공해 더 유능하게 육성할 수 있습니다.

이처럼 예측 분석 결과는 현재 우리가 무엇에 집중해야 하는지를 알려줍니다. 우리는 코로나19를 겪으면서 삶의 양식이 얼마나 빠르고 광범위하게 변할 수 있는지를 체감했고 또 미래를 정확하게 예측한다는 것이 얼마나 힘든지도 알게 되었습니다. 우리가 취해야 할 태도는 눈은 미래에 두고 발은 현실에 두는 것입니다. 우리가 할 수 있는 가장 확실한 미래 대응책은 세상은 계속해서 변화하리라는 가정하에 변화를 이해하고 스스로를 그에 맞춰 바꾸는 노력입니다.

이 책은 데이터와 사례로 현재를 명확히 이해하고 미래를 준비하기 위해 기획되었습니다. 정치, 경제, 사회 변화에 대한 세계적 석학의 여러 예측이 많습니다. 그러나 필자는 우리나라 직장인이 하루하루 살아가는 직장생활에서 경험하게 될 변화와 그 미래를 데이터와 사례로써 이야기하고자 합니다.

1장에서는 우리가 먹고사는 이야기와 일자리에 대해서 데이터로 설명합니다. 미래 일자리에 대한 논의 중 전 세계적으로 가장 많은 관심을 받은 프레이와 오스본(2017) 연구를 한국적 맥락에서 재해석해서 데이터를 분석했으며 미래 어떤 일자리가 사라지고 살아남을 것인지를 제시합니다. 다음으로 변하는 상황 속에서 동료 직장인은 어떻게 변화를 인식하고 있고 어떤 준비를 하는지 데이터로 알아봅니다. 그럼으로써 직장인이 미래 일자리를 내다보고 현재를 준비하는 데 도움을 주고자 합니다.

또한 최근 전 세계적으로 대퇴사 문제가 크게 대두되고 있습니다. 소위 대퇴사·대전환 시대Great resignation·reshuffling로 불리며 퇴직과 전직 문제가 한 조직을 넘어 사회 문제로 불거지고 있습니다. 국내 기업 역시 높아지는 퇴직률과 이직률에 골머리를 썩고 있습니다. 즉, 왜 직장인이 퇴직하는지를 데이터로 설명하기 위해서 주요 대기업에서 스타트업으로, 국내 기업에서 해외 기업으로 움직이는 '힘'을 '유지하는pull 힘'과 '밀어내는push 힘'으로 구분해서 제시합니다. 분석 결과는 조직 내 인사부서에는 '왜 그만두는가?'를 이해하기 위한 자료가 될 것이고 구성원 개인에게는 '왜 동료가 그만두는가?' '나는 어떻게 미래를 준비해야 하는가?'를 이해하는 데 도움이 될 것입니다.

2장에서는 가까운 미래에 우리 직장이 어떻게 변할 것인지를 해외 사례로 미리 조망하고자 합니다. 재택근무냐, 사무실 근무냐의 논의는 국내뿐만 아니라 전 세계적으로 뜨거운 감자입니다. 해외에서 어떤 논의가 되고 있고 기업은 어떤 방향으로 대응과 준비를 하고 있는지 살펴본 후 우리 직장의 미래를 함께 그려보겠습니다. 다음으로 가까운 미래에 직장인이 일하는 방식과 이를 관리하는 조직의 변화를 미리 내다보고자 합니다. 전 세계 2만 명이 넘는 인사 담당자가 모이는 미국인사관리협회SHRM, Society for Human Resource Management 콘퍼런스에서 주요한 최근 변화 및 미래 방향으로 제시된 키워드를 바탕으로 가까운 미래 직장 모습을 그려봅니다.

또한 긍정적 직원경험이 조직성과와 고객경험 역시 긍정적으로 바꿀 수 있는지를 개념과 사례를 통해 알아봅니다. 직원경험이란 구성원이 입사부터 퇴사까지 인식하고 느끼는 감정의 모든 것을 의미하며, 최근 조직 관리에서 가장 중요한 키워드로 관심받고 있습니다. 직원경험을 긍정적으로 관리함으로써 외부 고객에게도 긍정적 영향을 줄 수 있는지가 중요한 화두입니다. 이에 대해 사례로 좀 더 깊게 알아보겠습니다. 그리고 메타버스와 그 속의 미래 직장 모습도 다룹니다. 최근 메타버스 논의가 다시금 커지고 있습니다. 글로벌 기업뿐만 아니라 국내 기업도 다시 관심을 보이고 있습니다. 메타버스를 활용한 일하는 방식, 협업 방식 등이 어떻게 바뀌고 전개될지 살펴보겠습니다.

아마 주 4일제 논의는 독자 여러분께서 가장 관심 있을 주제일 듯한데요. 유럽을 중심으로 실험되고 실행 중인 주 4일제가 국내에서 어떻게 전개될 수 있을지도 함께 알아보겠습니다. 이를 통해 우리에게 다가올 주 4일제가 어떤 모습일지 미리 그려볼 수 있는 계기가 될 것입니다. 다음으로 인공지능이 우리의 상사가 되는 시대에 대해 알아보겠습니다. 먼 이야기처럼 들리지만 국내외 사례를 통해 인공지능이 우리의 상사가 된 모습을 보여드리고 어떻게 대처할지를 제시합니다. 마지막으로 디지털 전환에 성공적으로 대처하기 위해 리더, 조직 그리고 우리가 무엇을 해야 하는지 데이터와 사례로 함께 이야기 나누겠습니다.

3장에서는 우리 직장생활에서 가장 큰 영향을 미치는 탁월한 혹은 위험한 리더에 대해 데이터와 사례로 이야기한 후 최근 많은 변화를 겪고 있는 인사 이야기를 합니다. 빠르게 변하는 세상에서 '조직은 어떤 리더를 선발해서 육성해야 하는가?'와 '나는 어떤 리더가 되어야 하는가?'는 매우 중요한 질문입니다. 이에 3장에서는 지속적으로 고성과를 낼 잠재력 있는 리더가 누구인지 국내외 문헌 연구와 국내 여러 조직의 데이터를 통해 공통점을 제시합니다. 또한 핵심인재가 가질 수 있는 단점과 위험요인을 데이터로 알아보고 조직과 구성원이 어떻게 대처할 수 있는지 이야기합니다. 조직 내 탁월한 리더는 고성과와 지속가능한 조직을 만들 것으로 기대되는 사람입니다. 그런데 많은 조직에서 탁월한 리더가 구성원에게 늘 좋은 영향만 끼치는 것은 아닙니다. 모든 일에 음과 양이 있듯이 탁월한 리더에게도 어두운 면이 있을 수 있음을 잊지 말아야 합니다.

다음으로 최근 인사에서 주요하게 다뤄지는 이슈를 데이터와 사례를 통해 다룹니다. 우리 직장생활에 가장 직접적 영향을 주는 부서가 바로 인사입니다. 최근 인재관리에서 구성원 한 명 한 명의 목소리에 관심을 가지고 긍정적 경험을 주기 위한 직원경험이 중요한 철학입니다. 이를 인사부서에서 어떻게 측정하고 관리하는지를 데이터 기반 인사 의사결정 사례로 알아봅니다. 채용부터 보상까지 다양한 이야기를 살펴봄으로써 직장 내 구성원 관리가 어떻게 변하는지 이해할 수 있을 것입니다.

4장에서는 국내외 기업에서 빠르게 중요성이 높아지는 다양성과 포용성 개념을 설명하고 도입 사례와 촉진 방법을 제시합니다.

아직 국내 조직에서 다양성과 포용성은 비교적 새로운 개념입니다. 그러나 세대, 성별, 가치관 차이에 따른 조직 내 갈등은 매우 오래된 문제이고 심각성이 날로 커지고 있습니다. 이에 조직 리더와 인사부서는 진지하게 다양성과 포용성에 대한 고민과 대응을 하고 있습니다. 우선 다양성과 포용성을 이해하기 위한 여러 개념을 제시하고 실제 글로벌 조직에서 논의되는 사례를 소개합니다. 그럼으로써 앞으로 다가올 DEI(다양성·공정성·포용성) 시대를 독자들이 적확하게 준비하는 데 도움이 되고자 합니다. 이어서 다양성과 포용성 논의에 불을 지핀 ESG 개념과 우리와의 관련성을 다룹니다. 환경·사회·지배구조를 평가하는 지표로 대변되는 ESG가 우리 조직에 미치는 영향이 무엇이며 우리가 어떻게 대응하고 준비해야 하는지 실질적 사례를 들어 이야기합니다. 이를 통해 바뀌게 될 미래 직장의 모습과 우리가 일하는 방식도 미리 내다볼 수 있을 것입니다.

마지막 5장에서는 데이터와 사례로 글로벌 인재관리를 어떻게 해야 하는지 알아봅니다. 우리나라의 생산가능인구 감소와 성장동력 약화로 인해 앞으로 해외 진출은 더욱 가속화될 것입니다. 다만 그동안 한국 기업이 고수하던 글로벌 인재관리는 대퇴사·대전환 시대와 디지털 전환을 겪으며 여러 한계를 드러내고 있습니다. 이에 이 책에서는 글로벌 인재관리 방법의 효과성을 높이기 위한 데이터 분석 사례와 해외 사례를 다룰 예정입니다.

구본형 작가는 『익숙한 것과의 결별』이란 책으로 평범한 직장인에서 존경받는 변화 사상가가 되었는데요. 그 후 여러 책을 통해 빠르게 변하는 세상에 대응하는 가장 확실한 방법은 스스로 변화하는 것이라고 주장했습니다. 우리는 코로나19가 빚어낸 급변하는 현재에 현명히 대처하고 더욱 빠르게 변할 미래를 준비하기 위해서 변화를 적확히 이해하고 하나라도 먼저 실행하며 스스로 변화해야 합니다. 이 책이 그런 노력의 시작점이 되길 간절히 바라며 이제 이야기를 시작합니다.

2023년 2월
이중학

목차

추천사

5년 후, 10년 후 우리 직장은 어떤 모습으로 바뀌어 있을까 • 5
김성준, 국민대학교 경영대학원 교수

들어가며

상상이 아니라 데이터와 사례로 미래의 직장을 그려보자 • 7

1장 데이터와 사례로 보는 일의 미래 • 19

1. 어떤 일이 살아남고 사라질 것인가 • 21

모든 일자리가 기술 발전의 영향을 받는다 • 22 | 사라질 일자리와 생겨날 일자리를 예측하고 준비하자 • 25

2. 일자리의 숫자와 성격이 변화하고 있다 • 27

일자리 변화에 대한 준비가 되지 않았다 • 28 | 40, 50대는 기술적 변화를 직접 경험해봐야 한다 • 30 | 20, 30대는 직무 전환에 의지가 강하다 • 32

3. 인구 문제가 일자리에 큰 영향을 미친다 • 33

정해진 미래인 인구 문제를 대비하자 • 34 | 구성원을 유지하는 힘과 밀어내는 힘은 무엇인가 • 38 | 법적 계약보다 심리적 계약이 중요해졌다 • 44 | 리더와 조직은 구성원 이직에 어떻게 대처해야 하는가 • 46

4. 직장인의 근무 형태는 완전히 바뀔 것이다 • 50

하이브리드 워크 체제는 계속 유지될 것이다 • 52 | 조직과 인사부서의 디지털화가 본격적으로 시작된다 • 54

5. 데이터로 채용 – 온보딩 – 보상이 이루어진다 • 57

채용도 데이터 기반 의사결정이 대세다 • 58 | 채용 이후 온보딩에도 데이터 기반 의사결정이 활용된다 • 62 | 보상에서 데이터 기반 의사결정을 통해 투명성을 높인다 • 66

6. 긍정적 고객경험의 비결은 직원경험 관리에서 시작된다 • 68

구성원 역시 제품과 서비스를 소비하는 고객이다 • 69 | 리더와 조직은 직원경험 관리를 위해 무엇을 해야 하는가 • 71

2장 데이터와 사례로 보는 직장의 미래 • 75

1. 직장과 인사에도 큰 변화가 생긴다 • 77

국내외 기업의 주요 인사 이슈는 무엇인가 • 78 | 이제는 구성원 한 명 한 명의 의견이 중요한 시대다 • 82

2. 과거와는 다른 방식으로 일하게 된다 • 85

회사 중심 인사관리에서 구성원 중심 인사관리로 재편된다 • 86 | 초개인화 인사로 구성원의 몰입과 유지율을 높여야 한다 • 89

3. 메타버스 오피스 근무를 준비해야 한다 • 91

직장생활에는 어떻게 메타버스가 구현될 것인가 • 92 | 메타버스가 구성원의 역량 향상에 도움이 된다 • 97

4. 주 4일제가 가져올 변화를 준비하자 • 99

주 4일제가 생각보다 빠르게 도입될 것이다 • 100 | 구성원의 정신건강과 웰빙에 도움이 된다 • 105 | 주 4일제를 어떻게 준비해야 하는가 • 107

5. 인공지능 상사와 일하는 날이 온다 • 110

직장인은 상사에 대해 어떻게 생각하는가 • 112 | 이미 인공지능이 직장을 관리하기 시작했다 • 114 | 인공지능은 관리자 역할을 하게 될 것이다 • 118

6. 디지털 전환 성공의 요인은 무엇인가 • 121

변화에는 그에 맞서는 반작용이 생긴다 • 122 | 최고경영층이 디지털 전환에 앞장서야 한다 • 123

3장 데이터와 사례로 보는 요즘 인사 • 125

1. 조직을 강제로 변화시킬 수 없다　　　　　　　　　　• 127

　어떻게 자발적 변화행동을 만들어낼 것인가 • 128 | 구성원들의 긍정적 경험을 끊임없이 개선해야 한다 • 131

2. 조직이 기민해야 살아남는다　　　　　　　　　　　• 133

　왜 기민성 추구가 조직성과를 높이는 데 효과적인가 • 133 | 기민성은 '빠른'이 아니라 감지 - 제시 - 실행 프로세스다 • 136

3. 탁월한 리더의 특성을 파악하자　　　　　　　　　　• 137

　인사 데이터에는 어떤 종류가 있는가 • 137 | 고성과를 내는 핵심인재는 '학습 민첩성'이 뛰어나다 • 141

4. 탁월한 리더의 역량을 분석하자　　　　　　　　　　• 144

　텍스트 분석을 통해 구성원이 무엇을 말하는지 파악한다 • 144 | 텍스트 분석 결과 핵심인재는 인재관리 역량이 두드러진다 • 146 | 조직 내 텍스트 분석을 통해 문제를 분석하고 해결해야 한다 • 148

5. 탁월한 리더에게도 어두운 면이 있다　　　　　　　　• 149

　채용 때 밝은 면 외에 어두운 면도 살펴봐야 한다 • 150 | 왜 핵심인재는 유독 지배행동이 높은가 • 151

6. 탁월한 리더를 선발하고 관리해야 한다　　　　　　　• 153

　인재 유지가 점점 더 중요해지고 있다 • 154 | 핵심인재를 언제 선발해서 관리하는 것이 좋은가 • 158

7. 어떻게 구성원의 퇴직을 막을 것인가　　　　　　　　• 160

　핵심인재의 퇴사는 기업 경쟁력 하락으로 이어진다 • 160 | 근속 집단과 퇴직 집단의 차이는 성실성이다 • 162

4장 데이터와 사례로 보는 DEI와 ESG · 165

1. 다양성, 공정성, 포용성이 중요해진다 · 167
왜 조직에서 다양성 관리가 중요한가 · 168 | 어떻게 구성원에게 포용성을 느끼게 할 것인가 · 172

2. 구성원의 번영을 측정하고 관리하자 · 176
평균화된 '구글맨' '삼성맨' '현대맨'은 없다 · 177 | 개인 가치를 진단하고 성장 로드맵을 짜주어야 한다 · 180 | 왜 구성원의 몰입이 아니라 번영을 추구해야 하는가 · 182

3. 곧 다가올 고령화 시대를 준비하자 · 185
왜 젊은 인력은 고령 인력을 부정적으로 보는가 · 186 | 조직 내 배타성이 크면 이직률이 높아진다 · 189 | 조직 몰입의 선행 요인은 조직 동일시이다 · 191 | 개인의 다양성에 높은 가치를 둘수록 정서적 몰입이 높아진다 · 193

4. ESG 기준으로 직장생활도 바뀌게 된다 · 195
직장생활과 ESG는 직접적으로 무슨 관계가 있는가 · 195 | 기업의 목적은 '돈'이 아니라 '포용적 번영'이다 · 198 | ESG는 기업가치와 성과 향상에 도움이 된다 · 201

5. ESG가 인사에 중요한 영향을 미친다 · 204
ESG는 인사부서와 구성원에게 어떤 변화를 요구하는가 · 205 | ESG 경영에서 다양성 이슈는 중요한 구성 요소다 · 206

6. 이제 윤리적인 조직을 만들어야 한다 · 210
기업은 어떤 윤리적 기준을 갖춰야 하는가 · 211 | 리더와 조직도 윤리적 사유의 근육을 키워야 한다 · 213

5장 데이터와 사례로 보는 글로벌 인재관리
215

---

1. 해외 법인 경영을 어떻게 해야 하는가 • 217

   표준화인가, 현지화인가 • 218 | 현지화는 성과에 어떤 영향을 미치는가 • 219

2. 해외 법인 조직 운영을 어떻게 할 것인가 • 221

   왜 해외 법인의 현지화가 어려운가 • 221 | 임시 주재원의 파견 정도를 어떻게 해야 하는가 • 222

3. 어떻게 현지인의 퇴직을 막을 것인가 • 224

   해외 현지 직원의 커리어 고민을 파악해야 한다 • 225 | 해외 현지 직원의 조직 몰입 요인을 알아야 한다 • 227

나오며
1인 기업가의 시대를 준비하라 • 228

후기 • 234
출처 • 238

1장

데이터와 사례로 보는 일의 미래

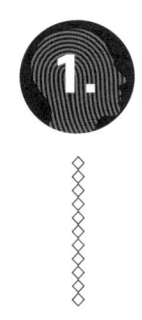

어떤 일이 살아남고 사라질 것인가

이직과 퇴직의 차이는 무엇일까요? 이직은 다른 회사로 이동하는 것을 뜻하고 퇴직은 일 자체를 그만두는 것을 말합니다. 한 회사 입장에서 봤을 때 이직과 퇴직에 큰 차이가 없지만 사회 전반으로 봤을 때 둘의 차이는 큽니다. 미국 노동통계국 자료를 보면 2022년 6월 퇴직자가 600만 명에 달한다고 합니다.[1] 반면 동일 기간 내 미국 전역의 구인 숫자는 1,140만 개에 달합니다. 퇴직자 600만 명이 구인하는 회사에 간다고 해도 540만 개 일자리는 여전히 사람을 못 찾게 됩니다.

필자는 전작 『데이터로 보는 인사 이야기』를 통해서 우리나라 기업에서 일자리가 기술로 대체되는 현상을 데이터로 분석해서 공유한 적이 있습니다.[2] 2017년과 2020년 일자리(직무) 변화량과 직무별 기술에 의해 사라질 확률(프레이와 오스본, 2017) 간 관련성을 분석했고 일자리가 실제로 사라지고 있다는 점을 확인했습니다.

프레이와 오스본(2017)의 자동화 장애물

장애물	구분 상세
감지 및 조작	손가락 민첩성finger dexterity
	수작업 민첩성manual dexterity
	좁은 공간cramped work space, 불편한 자세awkward positions
창의적 지능	독창성originality
	예술fine arts
사회적 지능	사회적 지각social perceptiveness
	협상negotiation
	설득persuasion
	타인 도움assisting and caring others

당시 분석 결과를 공유한 후 "어떤 일자리가 사라지나요?" "우리는 어떻게 대응해야 하죠?" 등 걱정 어린 질문을 많이 받았습니다. 특히 최근에는 챗GPT가 등장하며 우리 일자리에 대한 불안감을 가중시키고 있습니다.

모든 일자리가 기술 발전의 영향을 받는다

◇◇◇◇◇

프레이와 오스본(2017)[3]은 옥스퍼드대학교 교수 집단과 협업하여 70개의 일자리가 기술에 의해 사라질 확률을 0부터 1까지 계산했습니다. 기술이 일자리를 대체하지 못하는 병목bottleneck으로 3가지 '감지 및 조작perception and manipulation' '창의적 지능creative intelligence' '사회적 지능social intelligence'을 제안하고 어느 정도 영향을 미치는지를 계산했습니다. 미국 노동부에서 제안하는 직업정보네트워크O*NET 내 702개 직무의 대체 확률을 머신러닝 알고리즘을 활용해서 구했습니다. 이 계산에 따르면 미국 내 직무의 47%가 10년 안에 사라질 것으로 추산되었습니다.

필자의 분석 결과와 프레이와 오스본(2017)의 연구 모두 일자리가 기술 발전에 따라 영향을 받는 것으로 예측되고 있습니다. 지금까지 진행된 미래 일자리 연구는 그 결과가 증가할 것이다와 감소할 것이다로 혼재된 결과를 보이고 있습니다. 기술 영향을 받는 미래 일자리가 어떻게 될 것인가에 대한 최초 연구는 2016년 세계경제포럼WEF의 「미래 일자리Future of Jobs」로 알려져 있습니다. 이 보고서는 2020년까지 기술 발전에 따라 약 710만 개 일자리가 사라지고 200만 개 일자리가 새로 생길 것으로 예측했습니다.[4] 전 세계 사람들은 500만 개 일자리가 사라진다는 예측에 큰 충격을 받고 관련 예측이 틀리길 바랐습니다.

세계경제포럼 연구는 전 세계 사람들을 공포에 떨게 했다는 비판을 받았고 그 후 2020년 발표된 동일 연구에서는 기술에 의해 사라지는 일자리보다 창출되는 숫자가 많다는 쪽으로 보고서 방향을 바꿨습니다.[5] MIT(2020)[6]는 향후 20년 동안 인공지능과 로봇은 일자리를 대체하기보다 더 많은 일자리를 새롭게 만들 것으로 예측한 바 있습니다. 2020년 마이크로소프트[7]가 발표한 예측에 따르면 2028년까지 인도네시아, 말레이시아, 필리핀, 싱가포르, 태국, 베트남 6개 아세안 국가 내 일자리도 인공지능과 로봇으로 인해 증가할 것으로 내다봤습니다.

그렇다면 구체적으로 한국에서 어떤 일자리가 사라질 것으로 예측될까요? 필자는 기존 데이터와 비지도학습 일환인 K-평균 군

데이터로 보는 미래 사라질 직업과 남을 직업

구분	사라지지 않을 직업	뜨는 직업	걱정되는 직업	사라질 직업
사라질 확률	(약) 6%	(약) 30% 이하	(약) 60% 이상	(약) 90%
변화량	+700명	+100명	-100명	-800명
예시	소프트웨어 개발 직군	디자인 직군	단순 서비스 직군	단순 영업 직군

집화K-means clustering 알고리즘을 활용해서 미래 일자리를 사라질 확률과 변화 분으로 집단화했습니다.[8] 우선 첫 번째 직업군은 '사라지지 않을 직업undisturbed jobs'으로 사라질 확률은 6% 이하이며 700명 이상 증가했습니다. 대표적으로 소프트웨어 개발자 등이 있었습니다. 두 번째 직업군은 '뜨는 직업emerging jobs'으로 사라질 확률은 30% 이하이며 100명 이상 증가했습니다. 디자인 직군, 기술 관련 직군, 그리고 인사 관련 직군도 여기에 포함됩니다. 세 번째 '걱정되는 직업worrying jobs'은 사라질 확률이 60% 이상이며 100명 이상이 감소했습니다. 단순 서비스직과 단순 운영 관련 직업이 대표적입니다. 네 번째 '사라질 직업lost jobs'은 사라질 확률 역시 90%에 이르렀고 800명 이상 감소했습니다. 단순 영업 직군이 대표적입니다. 한국의 다양한 산업을 포괄하는 데이터를 바탕으로 분석한 결과이기 때문에 국내 다른 회사로의 적용 가능성도 크지만 산업에 따른 변화가 클 수도 있습니다.

사라질 일자리와 생겨날 일자리를 예측하고 준비하자

◇◇◇◇◇

우리에게 기술이 대체할 일자리 분석이 주는 숨은 의미는 무엇일까요? 첫째, 조직과 리더는 인력 계획workforce planning 측면에서 미래에 사라질 일자리와 생겨날 일자리를 예측하고 준비하는 데 필요하다는 것입니다. 특히 회사의 산업 전환business transformation에 따라서 구조조정이 될 직업군에서 새로 생겨날 직업군으로의 인력 전환people transformation에 대한 선행 준비 자료로 의미 있을 것입니다. 예를 들면 유통회사는 오프라인 매장에서 근무하는 인력을 온라인 산업으로 전환할 때 직무 재배치 등을 예측하기 위한 분석이 필요합니다.

둘째, 전 세계에서 일어나고 있는 일 반대 운동(Anti-work movement; 대퇴사 및 조용한 퇴직 등)이 우리에게 중요한 의미를 갖는 것은 일할 사람이 부족한 현상을 미국 기업이 어떻게 대처하는지를 한국 기업이 살펴볼 수 있기 때문입니다. 2030년 이후로 생산가능인구가 320만 명 줄기 때문에 한국에서도 일할 사람이 부족하다는 걱정을 할 수 있습니다. 이렇듯 우려되는 미래 상황을 대비하기 위해 미래 일자리 분석을 하고 더욱 필요할 것으로 예측되는 일자리 인력을 선제적으로 국가와 조직 차원에서 육성 계획을 세울 수 있습니다.

프레이와 오스본(2017)이 이야기한 대로 기술이 사람 일을 대체할 때는 직무 특성에서 기인하는 장애물 역시 많이 있을 것이며 노동시장의 특성도 고려해야 합니다. 단순히 효율성 관점에서 사람 일자리를 기술로 대체하는 것은 인간과 조직 모두에게 좋은 선택이 아닐 수 있습니다. 부가가치가 낮은 일을 기술이 대체하고 사람은 강점을 살려 감지 및 조작, 사회적 기능, 창의적 능력을 통해서 부가가치가 높은 일에 더욱 집중할 수 있는 직무 구조와 환경이 만들어진다면 개인과 조직의 지속가능성이 더욱 커질 수 있습니다. 이처럼 '기술과 사람이, 사람과 기술이 만나기 위해서'는 개인과 조직 모두를 고려한 의사결정이 되어야 하고 결국 사람을 위한 고려가 가장 우선되어야 함을 잊지 않기를 바랍니다.

2.

일자리의 숫자와 성격이 변화하고 있다

어린 시절을 돌이켜보면 제 기억 속에는 주산 학원이 가장 크고 선명하게 남아 있습니다. 주판을 들고 학원에 가서 계산하는 법을 배우면 수학적 사고를 향상할 수 있다고 들은 기억이 있습니다. 그런데 어느 순간 주산 학원이 없어지면서 계산기가 그 자리를 채우기 시작했습니다.* 물론 계산기 학원이 생기지는 않았지만 오랜 기간 우리의 계산 능력을 계산기에 외주 준 것이나 다름없었습니다.

지금은 계산기보다 엑셀 등을 활용하고 대규모 계산은 자동화 솔루션을 통해서 수행하고 있습니다. 기술은 이렇게 우리가 일하는 직무의 성격을 바꾸고 있습니다. '계산한다'는 직무는 동일하지만 수행하는 '방식'이 달라진 것이죠. 그런데 그 '방식'에 따라서 일자리 숫자 역시 바뀌고 있습니다. 앞서 소개한 대로 우리가 수행하

---

* 현재 주산은 초등학교 방과후 수업 프로그램에 들어 있기도 합니다.

는 일자리의 숫자와 성격이 변하고 있고 그 추세는 더욱 빨라질 것입니다.

일자리 변화에 대한 준비가 되지 않았다

◇◇◇◇◇

국내 대표 제조 기업인 A사는 일자리 변화 등에 대해서 임직원 약 430명에게 관련된 설문을 수행했습니다. 구체적 질문으로는 '일자리 숫자 변화에 대한 예측' '수행 업무의 변화 정도' '업무 대체 정도' '변화 시기' '변화하는 시기에서 현재 직무의 전문성 유지 정도' 및 '변화에 대한 준비 정도' 등이었습니다. 우선 70%가 넘는 응답자가 기술의 발전에 따라 일자리가 감소할 것이라고 대답했으며 95% 이상이 수행 업무의 성격이 변화할 것이라고 대답했습니다. 다음으로 80% 이상이 기술에 의해서 현재 수행하는 업무의 4분의 1 이상이 대체될 것이라고 응답했으며 56% 가까이가 그러한 변화는 5년 내 일어날 것이라고 응답했습니다. 전문성 유지 정도로는 87%가 영향은 받겠지만 어느 정도는 유지되리라 믿고 있었던 반면에 스스로의 준비도는 33%만이 되어 있다고 응답했습니다. 흥미로운 점은 나의 전문성은 유지되겠지만 일자리 변화에 대한 준비는 대부분 안 되어 있다고 응답한 것입니다. 구체적으로 전체적인 긍정·부정 응답으로만 볼 수 없는 함의점을 뽑기 위해선 동질 집단으로 쪼개서 볼 필요가 있습니다.

우선 일자리 숫자의 변화와 수행 업무 성격의 변화에 대해서는 40대 이상의 많은 임직원들이 넓은 범위로 변화를 인식하고 있었

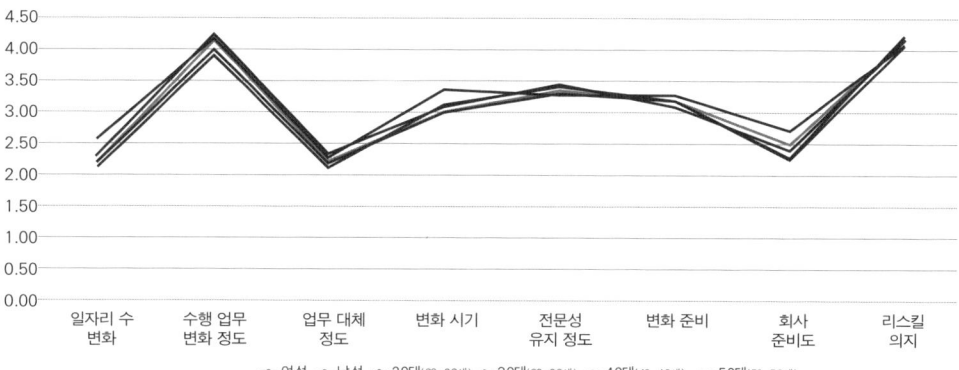

으며 기술의 변화 시기 역시 빠르게 오리라고 예측했습니다. 이에 더해 40대 이상의 임직원들이 전문성 유지와 변화에 대한 준비도 가장 높게 인지하고 있었습니다. 이는 우리가 통상적으로 생각하는 20~30대 젊은 직원들이 기술적 변화에 대해서 더욱 빠르고 유연하게 대응할 수 있으리라는 인식과 조금 다릅니다. 조금 더 들여다보면 20대가 변화 준비도 측면에서 연령별에서 가장 낮게 나왔으며 전문성 유지 역시 가장 낮은 수준으로 유지될 것이라고 내다보고 있었습니다.

그런데 A사에서는 기술 발전에 따라 진행되는 디지털 전환 시대의 직무에 맞춰서 변화할 수 있는 인력 집단으로 20~30대를 타깃팅하고 있었으며 현장에서 그들을 대상으로 한 전환 사례 역시 일어나고 있었습니다. 실질적으로 20~30대에게 기술적 변화에 맞춰서 본인의 직무를 바꿀 의지가 있는지를 물어본 질문에 대해서 40대 이상 집단보다 더 많고 높은 수준으로 의지를 표명했습니다.

40, 50대는 기술적 변화를 직접 경험해봐야 한다

◇◇◇◇◇

우리가 이러한 데이터를 보고 할 수 있는 질문은 다음과 같이 두 가지일 것입니다. 첫째, 정말로 40대 이상의 임직원들이 기술적 변화에 준비가 잘되어 있고 전문성이 유지될 것인가? 둘째, 기술적 변화에 맞춘 직무 전환에 대한 의지가 높고 변화에 대한 준비가 낮다고 인식한 20~30대에게 우선으로 회사의 자원을 투입해서 여러 가지 개입intervention 활동을 지원할 것인가? 우선 연공서열 기준 직급 및 보상 체계가 아직 작동하는 A사와 같은 한국 기업에서 40대 이상은 관리자일 가능성이 큽니다. 우리나라는 아직 연공서열 기준 인사제도가 주를 이루고 있습니다. 고용노동부의 사업체 노동력 조사를 보면 2021년 6월 기준 종업원 300인 이상 기업 2,913곳 중 연공서열 기준 급여체계(호봉급)를 채택한 기업 비율은 60.1%이며 1,000인 이상 기업은 70.3%, 100~299인 기업은 36.2%에 달한다고 합니다.[9]

이런 환경에서 50대 이상 관리자는 대부분의 일을 구성원에게 위임하고 있으며 주요 의사결정에 많은 시간을 쏟습니다. 그러므로 실질적으로 '기술'을 이용해서 업무를 수행할 가능성이 작다고 추론할 수 있습니다. 다시 말해 인공지능, 빅데이터, 클라우드 등의 기술적 변화를 도입해서 실제 업무에 적용해보지 않았기 때문에 기술적 변화가 가져올 실체를 잘 모를 것입니다. 반면 20~30대 직원들은 일선에서 변화하는 기술에 적응하기 위해서 다양한 노력을 하고 있다 보니 그 발전 속도를 인지하고 본인이 준비도가 부족하

아마존 세이지메이커 로코드 머신러닝 화면

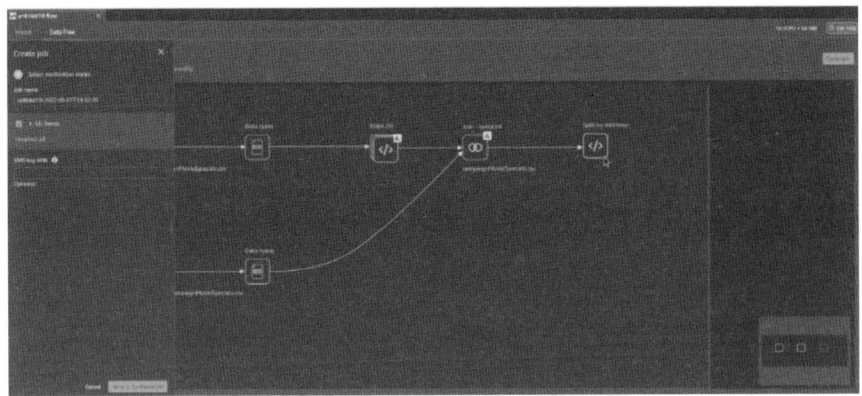

다고 생각할 수 있을 것입니다.

그렇다면 조직에서 해야 할 일은 무엇일까요? 우선 전 직원들이 기술적 변화를 직접 경험해보는 것이 중요하다고 생각합니다. 가령 인공지능, 빅데이터, 증강현실, 가상현실 등을 화면이나 동영상으로 보여주는 것이 아니라 실제로 체험하도록 하는 것입니다. 증강현실과 가상현실을 통한 평가 및 교육 사례는 국내에서도 다수 소개된 바 있으므로 적극적으로 체험하게끔 하는 것이 중요합니다. 더불어 인공지능 등도 최근에는 프로그래밍 언어를 최소한으로 하여 실행할 수 있는 로코드 프로그래밍이 있으며 아마존에서 제공하는 세이지메이커 등도 배워볼 만합니다.[10] 또한 이미 많은 분들께서 활용하고 계실 챗GPT도 기술 변화를 직접 경험하는 데 좋은 도구입니다.

20, 30대는 직무 전환에 의지가 강하다

◇◇◇◇◇

기술적 변화를 직접 체험해서 쓰게 한다면 현장에서 벌어지는 변화를 체감하고 20~30대와 공감할 수 있을 것입니다. 다음으로 20~30대가 가진 직무 전환에 대한 의지는 상당히 의미 있는 자산입니다. 일본의 캐논은 최근 전략적 변화에 따라서 카메라 산업에서 헬스케어 산업으로 업의 본질을 바꾸고 있습니다.[11] 이에 기존 카메라 산업 인력을 헬스케어 산업 인력으로 변화시켜야 하는 상황에 부딪쳤고 오랜 기간 여러 시도 끝에 성공 사례를 만들기에 이릅니다.

흥미롭게도 그 어려운 직무 전환에 성공한 사람들은 기존 기술에 대한 숙련도가 높았던 것이 아니라 직무 전환에 대한 흥미와 동기부여 수준이 높았다는 점입니다. 기술 수용력이나 선행 수준도 중요하지만 결국 흥미와 끝까지 할 수 있는 끈기가 전환에 주요한 결정 요인이라고 합니다. 그러므로 20~30대가 가진 이러한 의지는 조직에 매우 가치 있는 자산이라고 할 수 있겠습니다.

3.
인구 문제가 일자리에 큰 영향을 미친다

바츨라프 스밀Vaclav Smil 박사는 에너지, 환경, 식량, 인구 등 다양한 학문 분야를 넘나들며 50년 넘게 대중과 소통해왔고 빌 게이츠Bill Gates가 여름휴가 독서 목록을 정할 때 가장 기다리는 저자 중 한 명이기도 합니다. 그는 오랜만에 대중을 위해 쓴 책『숫자는 어떻게 진실을 말하는가』에서 많은 사람이 잘못된 정보로 잘못된 행동과 판단을 내리는 것에 대한 문제점을 제기합니다. 세계적인 통계분석 대가인 그조차 코로나19가 창궐한 시기에 이 전염병이 얼마나 심각한지 예측하는 것이 불가능했다고 고백합니다.

그는 우리가 빅데이터와 인공지능과 같은 기술적 변화로 미래 예측을 정확히 할 수 있을 것이란 기대를 하지만 우리 생각과 다르게 주변 환경 불안정성이 너무 높다고 주장합니다. 그러므로 우선 불확실성과 불안정성을 인정하고 우리에게 주어진 각종 지표를 정확하게 파악하면서 작은 판단 하나하나를 바르게 하자는 것입니다.

빌 게이츠 역시 저서 『빌게이츠 넥스트 팬데믹을 대비하는 법』을 통해 향후 5~10년 내 반드시 코로나19와 같은 전염병이 다시 올 것이라고 하면서 이번 경험을 바탕으로 미리 준비해야 한다고 강조합니다. 구체적으로 세균게임과 같은 실전 예방훈련을 하고 국제기구를 창설하여 보건 투자를 공격적으로 하자는 것입니다. 빌 게이츠 역시 우리가 집중해야 하는 것은 불확실성을 인정하고 미래를 미리 준비하자고 말합니다. 정확한 예측도 중요하지만 다가올 미래라면 더욱 우리가 집중해야 할 것은 그에 대한 대비라는 것입니다.

정해진 미래인 인구 문제를 대비하자

◇◇◇◇◇

그런데 우리에게 정확한 예측이 가능한 미래가 있습니다. 그것은 바로 인구 문제입니다. 이미 많은 언론과 뉴스를 통해 들은 대로 우리나라 인구는 2041년을 기점으로 5,000만 명 아래로 감소할 것으로 예측됩니다.[12] 현재 대한민국 거주자의 평균 연령과 사망률이 극적으로 변하지 않는 이상 큰 변화는 없을 것입니다. 테슬라의 CEO 일론 머스크Elon Musk 역시 2022년 5월 25일 트위터에 "한국과 홍콩은 세계에서 가장 빠른 인구 붕괴를 겪는 국가"라고 우려를 전한 바 있습니다.[13] 이처럼 우리나라의 인구 문제는 비단 우리만 관심 가지는 이슈는 아닙니다.

그러면 인구 문제가 직장인에게 미치는 영향이 구체적으로 무엇일까요? 생각보다 인구 문제는 우리 삶 전반에 큰 영향을 끼칩니

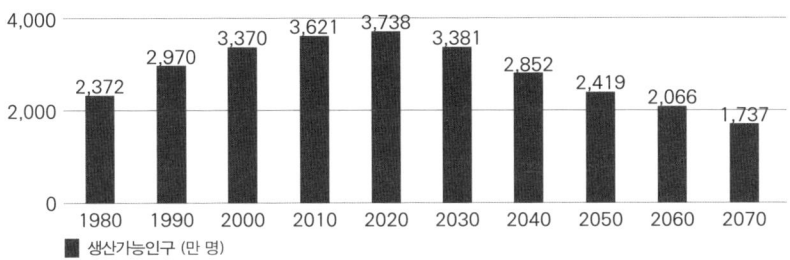

다. 위의 그림은 통계청에서 제시한 그래프입니다. 2030년 대한민국의 생산가능인구(15~64세)는 약 320만 명가량 감소합니다.[14] 생산가능인구는 경제 활동을 할 수 있는 연령 인구를 의미하며 보통 한 국가 경제가 얼마나 활력 있는지를 평가할 때 쓰는 수치이기도 합니다.[15] 단순한 설명으로 생산가능인구가 줄어들면 경제 활동을 하는 인구수도 줄어들게 되므로 국내 소비와 지출이 감소하게 되고 기업의 매출 감소로 이어집니다. 그런데 생산가능인구 감소는 그렇게 단순한 문제에만 영향을 끼치지 않습니다.

조직 입장에서 생산가능인구 감소는 신입 및 경력사원으로 입사 지원을 하는 사람들이 줄어드는 것을 의미합니다. 즉 한 조직에 입사하기 위해서 지원했던 숫자가 100명이었다면 앞으로는 그 숫자가 절대적으로 줄어들게 된다는 것입니다. 지원자 수가 줄어들면 인사부서는 채용 실패 리스크를 관리하기 어려워집니다. 지원자가 많을수록 고성과자를 뽑을 확률도 올라가고 더욱 다양한 사람을 선발할 수 있게 됩니다. 그런데 생산가능인구가 줄어들게 되면 조직 내 유입되는 사람이 적어져 채용 실패 리스크가 높아지고 인력관리의 유연성 역시 떨어지게 됩니다.

이처럼 '정해진 미래'에서 조직에 더욱 우려되는 것은 현재 조직 내 구성원의 높은 이탈률입니다. 미국은 이미 대퇴사·대전환 시대란 표현으로 상당히 높은 퇴직현상을 조망한 바 있으며 유럽 내 조직도 비슷한 문제를 겪고 있습니다. 우리나라도 기업을 중심으로 퇴직 문제가 심각해지고 있습니다. 왜 그토록 많은 사람이 조직을 떠나는 걸까요?

거시적 이유 중 하나가 바로 조직 성장 둔화 때문입니다. 국내 기업 성장률이 과거와 같이 폭발적으로 높지 않기 때문에 조직 내 역할과 자리도 늘지 못하고 있습니다. 즉 과거에는 많이 채용하는 만큼 조직도 성장했기 때문에 조직 내에서 승진하면 그만큼 리더 자리도 어느 정도 담보되었습니다. 그러나 조직 성장 둔화에 따라 조직 규모도 정체되었고 리더 자리 수도 제한되었고 오히려 그나마 있던 자리도 대팀제가 유행하면서 줄어들고 있습니다. 이에 따라 구성원은 오랫동안 한 조직에 몸담고 있을 때 리더가 될 수 있다는 희망을 갖지 못하게 되었고 적극적으로 외부에서 새로운 기회를 찾게 된 것입니다.

둘째, 코로나19는 구성원에게 무엇이 삶에서 중요한지를 되돌아보게 하는 계기를 만들었습니다. 재택근무를 하게 되어 집에서 머무는 시간이 늘어남에 따라 가족과 함께 보내는 시간이 많아졌고 이는 잠시 잊고 지내던 삶의 중요한 우선순위가 무엇인지를 되

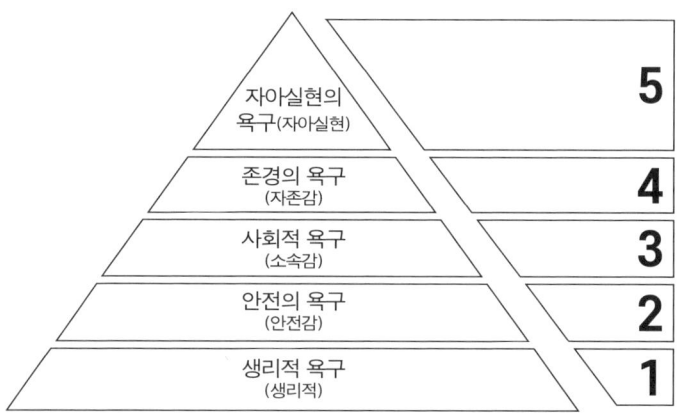

돌아보게 한 것입니다. 엔데믹endemic으로 전환됨에 따라 사무실로 돌아가야 하는 상황에서 매일 2~3시간 넘는 출퇴근 시간과 잦은 야근은 구성원이 가족과 함께하는 시간이 줄어드는 계기가 되었습니다. 이에 미국을 중심으로 한 대퇴사 행렬이 시작되었고 미국 조직의 리더와 인사부서는 이 문제를 해결하기 위해 심각하게 고민하고 있습니다. 메타(구 페이스북)는 2022년 2월 「새롭게 떠오르는 문화culture rising」 보고서에서 한국을 포함하여 전 세계 12개국 3만 6,000명을 대상으로 한 설문 결과를 공개했습니다.[16] 응답자 중 37%가 코로나19로 삶의 목적과 우선순위를 다시 생각하게 됐으며 41%가 다른 직업을 구할 의도가 있다고 말했습니다.

셋째, 현재 조직에 대한 새로운 질문을 구성원이 던지기 시작했습니다. 코로나19 이전에 직장인이 가장 관심을 쏟았던 동기부여책은 매슬로 욕구 5단계로 설명하면 자아실현self-actualization이었습니다. 에이브러햄 매슬로Abraham Harold Maslow는 인간 욕구를 생리적 - 안전감 - 소속감 - 자존감 - 자아실현 5단계로 구분했고 아래서부터 욕구를 채워나가며 상위로 발전해간다고 주장했습니다.

구성원을 유지하는 힘과 밀어내는 힘은 무엇인가
◇◇◇◇◇

코로나19 이전에는 생리적 - 안전 - 소속감 - 자존감의 욕구가 충분히 채워졌고 그로 인해 구성원은 자신의 목표를 실현하기 위해 직장생활을 했다는 것입니다. 그러나 코로나19로 인해 구성원들이 기본적인 안전 욕구를 충족하지 못하는 상황을 겪게 됩니다. 직장 내에서 자신의 신체적 안전을 보장받지 못했고 대량 실업이 발생하면서 직업적 안전도 보장받지 못했습니다. 이에 따라 구성원의 욕구가 생리적 단계와 안전 단계로 회귀하게 되었습니다. 구성원들은 리더가 회사의 미래 비전을 명시적으로 제시해주기를 원하고 현재 조직 운영이나 특이사항에 대해 공유해주기를 바라며 신뢰 관계를 맺기를 원한다는 것입니다. 이것이 바로 조직에 대한 새로운 질문이며 충족되지 못하면 과감하게 구성원은 회사를 떠납니다.[17]

구성원을 내보내거나 유지하는 데는 여러 힘이 존재할 것입니다. 필자는 구성원을 유지하는 데 작용하는 힘이 두 가지가 있다고 가정했습니다. 즉 구성원을 나가도록 밀어내는push 힘과 유지하는pull 힘이 있다는 것입니다. 더불어 구성원이 현재 조직을 떠나는 것은 이동 방향이 존재한다는 것인데 '대기업 - 스타트업'과 '국내 기업 – 해외 기업'으로 그 방향을 설정했습니다. 즉 대기업에서 스타트업으로 이동하는 방향과 국내 기업에서 해외 기업(미국 실리콘밸리)으로 이동하는 것에서 작용하는 힘을 알아보고자 했습니다. 활용한 데이터로는 국내 잡플래닛의 기업 장단점과 미국 글래스도어의 기업 장단점 텍스트였습니다. 더불어 정량적 비교를 위해 리더십, 문화, 급여를 비교해서 2×2 매트리스에 찍은 후 한눈에 보기 좋게 장단점을 알아보고자 했습니다. 국내 기업은 삼성, 현대차, SK, LG그룹 임직원의 3만 1,000개 리뷰, 스타트업은 네이버, 카카오, 토스, 쿠팡, 야놀자의 4,700개 데이터, 미국 기업은 페이스북(현 메타), 애플, 아마존, 넷플릭스, 구글의 1만 9,000개 데이터를 활용했습니다. 분석 방법은 토픽 모델링과 키워드 네트워크를 활용했습니다.

우선 국내 대기업의 기업 장점 텍스트 데이터를 살펴보면 주요 주제는 '높은 연봉' '자유로운 연차 활용 및 복장' '대기업으로서 자부심' '다양한 복지' '다양한 경험과 배움 기회'가 뽑혔습니다. 키워드 네트워크는 '자부심 – 연봉 – 급여 – 혜택 – 돈' '조직문화 – 해외 – 경험' '시스템 – 체계 – 교육 – 기회' '여성 – 휴직 – 육아'가 동시에 출현했습니다. 전반적으로 해석해본다면 '높은 연봉과 복지' '글로벌 대기업의 자부심' '제도(연차·육아휴직)의 자유로운 활용'이 대표적 장점으로 뽑힙니다. 스타트업의 주요 장점 주제는 '젊은 분위기' '다양한 경험' '수평적 조직문화' '자유로운 연차 활용'이 뽑혔습니다. 함께 출현한 키워드는 '자유 – 젊음 – 가능' '수평 – 문화 – 존중' '경험 – 다양 – 배움' '재택 – 휴가 – 복지'가 있었습니다.

요약하면 국내 주요 스타트업 구성원은 '젊은 분위기' '수평적 조직문화' '다양한 시도와 경험'을 장점으로 인식하고 있었습니다.

반면 대기업 구성원은 단점으로 보수적 조직문화, 보고·보고서·문서작업, 성과급 지급 공정성 이슈, 과한 업무 강도를 주요 주제로 뽑았고 '많은 – 업무 – 강도 – 야근' '심한 – 압박 – 분위기' '문화 – 수직 – 군대'가 동시에 주요 단어로 출현했습니다. 결국 대기업에서 수직적 조직문화, 업무 강도, 보고 문화가 주된 단점으로 작용함을 알 수 있었습니다. 스타트업 구성원은 너무 많은 업무 종류, 높은 업무 강도, 시스템·제도 부재, 낮은 연봉과 복지를 주요 토픽으로 뽑았고 '많은 – 야근 – 업무' '잦은 – 이동 – 부서' '차이 – 차별 – 심한' '연봉 – 적은 – 짜다' 등이 동시에 출현했습니다. 스타트업에서는 업무의 종류와 양이 많음, 연봉·복지 불만족, 조직 내 공정성과 시스템 부족이 단점으로 뽑히고 있다는 것입니다. 이상으로 국내 기업 구성원의 기업에 대한 만족과 불만족 요인을 살펴보았습니다.

그렇다면 미국을 대표하는 IT 기업인 팡FAANG(페이스북, 애플, 아마존, 넷플릭스, 구글) 구성원은 어떤 의견을 가지고 있었을까요? 이를 알아보기 위해 미국 직장인이 전현직 회사에 대한 리뷰를 남기는 글래스도어 데이터를 수집했으며 대상 데이터 역시 기업 장단점 텍스트였습니다. 우선 우리 통념에 일치되게 기업의 가장 좋은 장점으로 조직문화, 최고 인재, 성장과 배움, 재미있고 쾌적한 근무 환경이 주요 주제로 뽑혔습니다. 더불어 '복지 – 보상 – 급여 – 좋은' '환경 – 동료 – 좋은' '배우는 – 경력 – 성장 – 기회' 단어가 동시에 출현하고 있었습니다. 결국 조직문화, 성장 기회, (물리적·동료) 근무

환경이 중요한 만족 요인이었습니다.

반면 팡FAANG 구성원 역시 회사에 대한 불만족 요인으로 일과 삶의 심각한 불균형, 성과 압박, 너무 빠른 속도의 변화를 뽑았고 '높은-압력-성과' '빠른-실행-프로세스' '과한-업무-시간' '스트레스-시간-불균형' '나쁜-균형-삶'이 주요 단어로 동시에 출현했습니다. 요컨대 과한 업무 시간에 따른 일과 삶의 불균형, 높은 압력이 단점으로 작용한다는 것입니다.

우리는 국내 대기업, 스타트업, 그리고 미국 실리콘밸리 기업의 데이터를 통해 구성원을 유지하는 힘과 밀어내는 힘을 알 수 있었습니다. 먼저 유지하는 힘을 살펴보겠습니다. 국내 대기업 구성원은 높은 연봉, 복지, 글로벌 기업으로서의 이미지, 인사제도를 자유롭게 누리는 것에 만족을 느끼고 있었고 스타트업 구성원은 젊고 수평적인 조직문화와 다양한 시도와 배울 기회를 누릴 수 있다는 것에 만족을 느끼고 있었습니다. 팡FAANG 구성원은 전 세계 최고 인재와 함께 근무하며 성장하는 경험과 만족스러운 조직문화에 장점을 느끼고 있었습니다.

그다음 밀어내는 힘을 살펴보겠습니다. 국내 대기업이 지금까지 성장해오면서 최대 강점으로 작용했던 수직적 조직문화, 높은 업무 강도, 그리고 보고 문화가 단점으로 작용하고 있었습니다. 국내 스타트업은 장점으로 느끼고 있던 다양한 업무 종류, 시도와 실패 기회가 단점으로 작용하고 있었습니다. 팡FAANG은 만족스러운 문화와 제도만큼 그에 걸맞은 성과를 내야 한다는 높은 압박이 단점으로 작용했습니다.

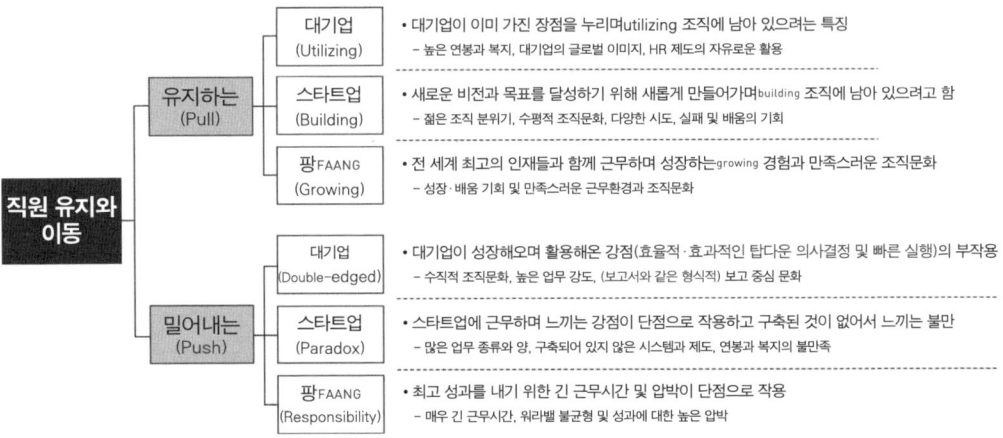

대기업에서 스타트업으로 이동하는 구성원은 결국 높은 연봉과 복지보다는 새로운 기회와 성장을 바라며 떠나고 국내 기업에서 미국 기업으로 가는 구성원은 최고 인재와 함께할 기회와 만족스러운 조직문화를 위해서 이직한다고 볼 수 있습니다. 반면 다른 분야에서 구성원을 잡아당기는 힘은 역효과로도 작용할 수 있습니다. 가령 스타트업의 장점으로 뽑히는 다양한 업무 기회는 시스템·제도의 부재로 인식되어 조직에 대한 불만족 요인으로 작용하기도 했고 팡FAANG 구성원은 높은 보상에 맞는 책임을 져야 한다는 부담이 컸습니다. 조직마다 떠나는 혹은 남는 이유는 조직 내부 요인만 고려했을 때도 다양하다고 볼 수 있습니다.

2022년 8월 9일 한국경제가 리멤버와 함께 스타트업으로 이직한 구성원을 대상으로 한 설문조사[18] 결과를 보면 이직 이유 중 가장 큰 것으로 다양한 업무 기회(37.1%), 금전적 보상(28.6%), 업무 문화

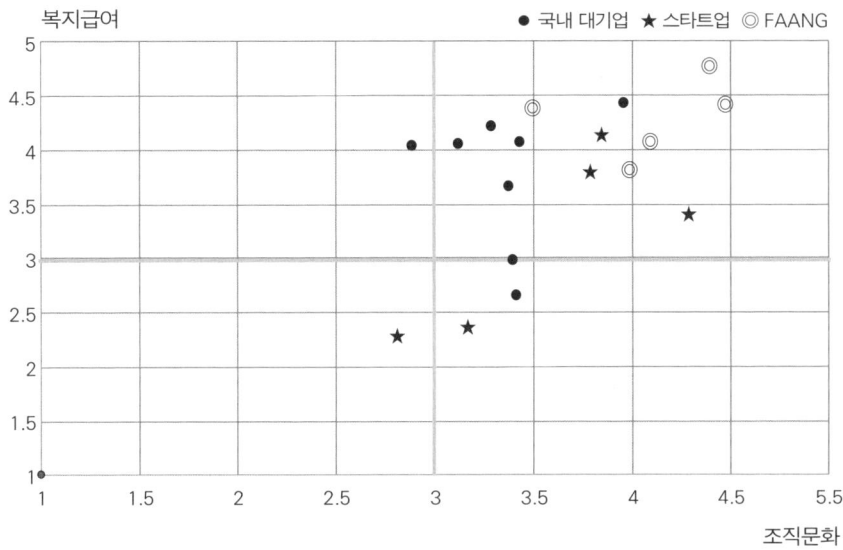

(12.7%)가 뽑혔습니다. 위 텍스트 분석 결과와 동일한 결과를 보여주고 있습니다. 결국 대기업에서 스타트업으로의 이동은 개인 성장에 대한 욕구와 수평적 조직문화에 대한 추구로 볼 수 있습니다.

잡플래닛과 글래스도어는 조직문화, 경영진, 복지 및 급여에 대한 만족도를 정량(5점 만점)으로 측정합니다. 그래서 조직문화와 복지 및 급여를 두 축으로 놓고 조직을 위치시켜 보았습니다. 잡플래닛과 글래스도어 간 차이가 있을 수 있고 샘플 사이즈 역시 상호 간 차이가 있지만 한눈에 패턴을 보기에는 의미가 있을 것 같았습니다.

위 그림을 보면 글래스도어 기준 팡FAANG 기업이 조직문화 측면에서 만족도가 국내 기업 대비 높은 것으로 나오는데 복지 및 급여 차원에서는 비교적 차이가 크지 않음을 볼 수 있습니다. 국내 대표 스타트업인 네이버, 카카오, 토스의 조직문화는 대기업에 비해 높지만 급여에서는 만족도 차이가 거의 없었습니다. 결론적으로 대기업에서 스타트업, 국내 기업에서 미국 기업으로 이동에서 가장 크게 영향을 미치는 요소는 조직문화임을 추론할 수 있었습니다.

법적 계약보다 심리적 계약이 중요해졌다

◇◇◇◇◇

지금까지 소개한 분석과 사례는 구성원이 인식하는 장단점을 바탕으로 왜 이직 혹은 퇴직을 하는가를 살펴본 것입니다. 다만 구성원은 소속 조직뿐만 아니라 본인을 둘러싼 정치 경제 환경에 끊임없이 영향을 받는 존재입니다. 이에 현재 우리를 둘러싼 어떤 환경 요인이 구성원의 이직과 퇴직 의도를 높이는지도 함께 살펴보고자 합니다.

우선 자산의 증가 속도와 미래 불확실성의 증가입니다. 과거 10년간 우리가 직장을 다니며 버는 근로소득 증가분은 자산소득 증가분보다 턱없이 적습니다. 가령 2017년부터 2022년까지 서울 아파트 평균 매매가격과 전세가격 간 차이는 1억 8,000만 원에서 6억 원으로 3배 가까이 증가했습니다.[19] 더불어 우리 모두 인지하고 있듯이 아파트 가격이 천정부지로 뛰면서 개인 자산의 증감이 더욱 빠르게 늘거나 줄어들게 되었지요. 반면 지난 2021년 임금 상승률은 역대 최저를 기록했을 만큼 근로소득 증가는 폭과 양 모두 적습니다. 그렇기 때문에 열심히 직장을 다니며 버는 월급보다 투자해서 벌 수 있는 자산 소득의 증가는 비교할 수 없을 정도로 크다고 인식할 수 있습니다.

이에 더해 직장인의 미래를 지켜줄 것 같았던 국민연금이 우리 예상보다 빠르게 고갈할 것으로 예상되고 있으며(2056년 고갈 예정, 2022년 국민연금 추계 결과[20]) 그로 인해 미래에 대한 불확실성이 높다고 인식하고 있습니다. 이와 같은 2가지 큰 사회적 현상으로 인해 구성원은 더는 정기성 급여에 만족이 높지 않고 변동성 급여나 비정기성 보상에서 오는 만족을 크게 느끼고 있습니다. 이는 조직 내 인재를 유지하기 위해서 보상 전략 역시 달라야 함을 의미합니다.

다음으로 직업 가치의 변화를 들 수 있습니다. 한 조직 내 여러 세대로 구분되는 구성원들이 있는데 그 가치관의 차이가 갈수록 더욱 벌어지고 있습니다. 가령 과거에는 조직에 충성을 다하면 그에 대한 보상으로 안정적 노후가 보장될 것이란 기대가 있었습니다. 즉 정규직으로 조직에 들어가면 오랫동안 근무할 수 있을 것이라는 기대가 있었습니다.

그러나 코로나19와 디지털 전환으로 인해 조직 내 법적 계약 역시 쉽게 깨질 수 있음을 몸소 경험하게 되었습니다. 이에 따라 구성원들은 조직에 맹목적으로 충성하지 않고 개인이 수행하는 직무에 몰입하면서 얻을 수 있는 것을 최대한 받으려는 심리적 계약으로 전환하게 됩니다.[21] 법적 계약에서 심리적 계약이 더욱 중요해지는 시대로 넘어왔을 뿐만 아니라 MZ세대는 일하면서 배우고 성장할 수 있는 '성장 가치'를 매우 중요하게 추구하기 시작했습니다. 그러다 보니 조직에서 '성장할 수 있는가?'라는 질문을 스스로 던져보고 그렇지 않다면 과감히 조직을 떠나는 풍토가 생겼습니다.

리더와 조직은 구성원 이직에 어떻게 대처해야 하는가
◇◇◇◇◇

지금까지 살펴본 조직 내부의 인식과 외부 환경의 변화에 대응하여 구성원 이직이라는 조직 이슈를 해결하기 위해서 리더와 조직은 무엇을 해야 할까요? 4가지를 제안하고자 합니다.

첫째, 이직에 관한 생각을 전환하라.
둘째, 데이터를 통한 직원경험을 관리하라.
셋째, DEI(다양성·공정성·포용성)를 이해하고 적극적으로
　　　추진하라.
넷째, 고용가능성을 중심으로 한 조직문화와 리더십을
　　　추구하라.

첫째, 이직에 관한 생각을 전환해야 합니다. 우선 이직이 조직에 무조건 해로울 것이란 인식을 바꿔야 합니다. 여러 연구 결과가 뒷받침하고 있듯이 일정 수준으로 관리되는 이직은 조직 내 건강을 유지하는 데 유용합니다. 10%대의 이직은 조직 내 긴장을 유지하고 새로운 활력을 불어넣는 순기능이 있습니다. 최근 벌어지는 '대기업에서 스타트업으로의 이동'은 우리 사회에 만연한 '대기업 우선'이란 사회규범을 무너뜨리는 현상입니다. 젊은 사람들이 모두 대기업으로만 가려고 하는 획일적 사고는 국가 전체적으로도 유용

하지 않은 가치관입니다.

그리고 무엇보다 우리 조직에서 이직을 관리할 때 가장 먼저 봐야 할 것이 바로 핵심인재 이직률입니다. 이제 퇴직과 이직은 막을 수 없는 흐름입니다. 그러므로 조직에서는 놓치지 말아야 할 핵심인재를 중심으로 이직에 대한 예측과 관리 방안을 마련할 필요가 있습니다. 인사부서는 핵심인재를 언제 선별하고 관리를 시작할지 예측 분석을 통해 긴밀하게 분석해야 합니다. 이에 대한 이야기는 이후 더욱 자세하게 소개하겠습니다. 만약 핵심인재가 퇴직하더라도 이들에 대한 감사 인사와 지속적인 관리 제도가 필요합니다. 전 세계 가장 큰 지적재산권 회사인 텐센트는 퇴사하는 직원에게 감사 인사 파티를 열어주고 그 후에도 지속적으로 관리함으로써 향후 재입사를 유도하고 긍정 고객으로 유지하는 제도가 있습니다. 이는 단순히 직원이 퇴사하면 회사와의 관계는 끝이라는 생각의 전환이 필요함을 의미합니다.

둘째, 직원경험employee experience을 체계적으로 관리해야 합니다. 최근 많은 조직에서 직원경험이란 단어를 많이 사용합니다. 여러 정의가 가능하겠지만 필자에게 직원경험은 구성원 한 명 한 명이 조직에서 느끼는 긍정 경험을 뜻합니다. 구성원에게 긍정 경험을 주기 위해 데이터와 분석 기법을 이용해서 최대한 많은 구성원의 목소리를 리더와 인사부서가 듣고 있습니다.

예를 들면 BMW 그룹은 구성원의 목소리를 최대한 많이 듣기 위해서 다양한 게시판에 존재하는 텍스트 데이터를 자연어 처리 분석을 활용해서 분석하고 대시보드로 관리하고 있습니다. 이는 구성원 한 명 한 명이 더욱 중요해졌기 때문으로 단순히 리더 계층에서 내는 목소리만 듣지 않고 최대한 여러 사람 목소리를 듣기 위함입니다. 이처럼 직원경험을 데이터와 분석 기법을 통해서 체계적으로 듣고 관리하려는 움직임이 직원의 퇴직과 이직을 관리하는 데 효과적입니다.

셋째, DEI 개념을 이해하고 적극적으로 추구하는 것입니다. DEI는 다양성diversity, 공정성equity, 포용성inclusion을 뜻합니다. 사실 우리나라 조직에 이 주제들은 아직 낯선 분야입니다. 그럼에도 불구하고 DEI는 오랫동안 구성원의 퇴직을 줄이고 조직 창의성과 혁신을 만드는 데 중요한 동력으로 전 세계 조직에서 관심을 받아왔습니다. ESG 열풍에 힘입어 여러 조직에서 DEI에 관심을 쏟고 있습니다. 더욱이 이제는 법률 제도가 DEI를 강하게 추진하기도 합니다. 그러므로 적극적으로 그 개념과 효과를 이해해야 합니다.

넷째, 고용가능성employability을 중심으로 조직문화와 리더십이 변화해야 합니다. 대기업, 스타트업, 그리고 팡FAANG을 살펴봤을 때 공통으로 느끼는 장점은 '배울 수 있는' '성장할 수 있는' 점이 있었습니다. 앞서 언급한 대로 불확실성이 높을수록 구성원은 미래를 안정적으로 준비할 수 있는 자기 성장에 관심을 쏟게 됩니다. 이는 인구 변화와 산업 전환을 대비할 수 있는 유일한 개인 차원의 대응책이기 때문입니다. 그러므로 조직 내외부에서 새롭게 직업을 구할 수 있는 고용가능성을 높이는 조직문화를 추구하고 리더 역시 적극적으로 후원해야 합니다. 구체적으로 말하면 조직에서는 단기적으로 구성원의 성과를 높일 수 있는 업스킬링upskilling에 적극적으로 투자하고 장기적 관점에서 직무를 바꿔가며 고용될 수 있는 리스킬링_reskilling_에도 관심을 쏟아야 합니다. 이러한 조직문화와 리더십을 구축하면 구성원은 계속해서 남아 있고 싶을 것입니다. 동시에 다른 조직에서도 오고 싶어하는 조직이 될 것입니다.

   지금까지 최근 국내외 조직이 공통으로 겪는 이직과 퇴직에 대한 원인을 데이터와 외부 환경 요인으로 살펴봤습니다. 그리고 조직과 리더의 관점에서 대응할 방안을 함께 알아보았습니다. 미래에 벌어질 일을 예측하기는 힘들지만 큰 측면에서 어느 정도 가늠할 수 있습니다. 인구 변화와 디지털 전환으로 대변되는 미래 변화에 대응하고 구성원의 이직과 퇴직을 관리하기 위해서 조직과 리더가 생각을 전환하고 데이터로 긴밀하게 관리하려고 하는 것, 그것이 가장 중요한 시작점이라고 할 수 있겠습니다.

직장인의 근무 형태는
완전히 바뀔 것이다

　조던 피터슨Jordan Bernt Peterson은 저서 『12가지 인생의 법칙』에서 첫 번째 법칙으로 '어깨를 펴고 똑바로 서라'를 강조합니다. 그는 3억 5,000년 동안 생존해온 바닷가재 사례를 들며 당당한 태도가 신경 화학물질인 세로토닌 활성화에 도움을 주고 생존에 유리한 위치를 차지하는 데 이롭다고 주장합니다. 바닷가재는 오랫동안 바뀐 환경에 맞춰 진화하면서 본질적인 생존 전략을 그대로 유지했습니다.

　인류는 비교적 오래되지 않은 1만 년 전에 출현한 것으로 추정되지만 환경에 맞춰 진화하면서도 집단을 이루어 살아남는 전략을 고수해왔습니다. 코로나19와 디지털 전환으로 인해 개인 간 또는 조직 구성원 간 소통하는 방식이 비대면으로 많이 바뀌었고 협업 역시 다양한 기술을 이용하고 원격근무(재택근무)가 일상화되었습니다. 앞으로 우리 삶은 기술을 이용한 원격으로 이루어지게 될까요?

이화여대 최재천 교수는 "인간은 함께 모여 얼굴 보고 이야기하고 식사하고 소통하며 살아온 존재이기 때문에 코로나19 이후에 다른 바이러스가 창궐해도 결국 대면하는 삶으로 돌아가게 될 것이다."라고 주장했습니다. 인류 본성에 비대면이 지속되는 삶은 불편하다는 의미일 것입니다. 이처럼 최근 국내외 기업들은 대면 근무 혹은 하이브리드 워크hybrid work*로 전환하고 있습니다. 돌이켜보면 기술의 비약적 발전으로 인해 비대면 회의가 훨씬 효율적일 수 있고 출퇴근 시간 등을 줄일 수 있다는 점에서 다시금 대면 업무로 돌아가는 것은 의문일 수 있습니다.

실제로 코로나19가 한참 심했던 2020년 중반 B그룹이 수행한 분석을 보면 비대면 재택근무는 구성원들의 직무 만족과 조직 몰입에 긍정적 영향을 미쳤고, 특히 자녀를 둔 여성 구성원들에게 유의했습니다. 그러나 양 연구팀(2021)이 코로나19 전과 후로 마이크로소프트 직원 6만 2,000명의 이메일, 달력, 메시지 교환 등 정보를 분석한 결과에 따르면 집단 간 협업은 25%가량 떨어지고 혁신과 생산성에 부정적 영향을 미쳤다고 합니다. 현재 마이크로소프트는 하이브리드 워크 형태로 전환해서 조직을 운영하고 있습니다.

---

* 대면과 비대면을 혼합한 근무 방식

하이브리드 워크 체제는 계속 유지될 것이다

◇◇◇◇◇

그렇다면 앞으로 근무 형태는 어떻게 바뀌게 될까요? 우선 전 세계적으로 원격근무 가능 여부가 회사 선택의 중요한 기준이 되는 만큼 하이브리드 워크 체제는 유지될 가능성이 클 것입니다. 그럼에도 불구하고 앞선 마이크로소프트 연구나 기존 여러 연구를 통해서 원격근무는 구성원 간 협업, 관계의 질, 창의성과 혁신에 부정적 영향을 미친다는 결과가 나와 있는 만큼 그에 대한 대책이 필요합니다.

필자는 기술이 조직과 구성원에게 어떠한 영향을 어떻게 미치는지를 알아보기 위해 경영관리와 IT 분야의 가장 권위 있는 학술지 22개에 게재된 논문 4만 6,000편을 기준으로 키워드 네트워크, 연구자 네트워크 등을 분석했고 그중 구성원의 태도에 미치는 영향을 구분해서 1,100편의 연구를 구체적으로 살펴봤습니다. 디지털 전환으로 기술의 밝은 면이 강조되는 시기이지만 전통적으로 기술 활용에 따라 구성원의 스트레스가 높아지고 직무 만족과 조직 몰입이 낮아진다는 연구 결과도 많이 발표되었습니다. 최근에는 인공지능을 활용한 인사 활동이 구성원에게 미치는 영향이 다양하게 다루어지고 있습니다. 아직은 초기 연구이지만 인공지능 기반 성과 피드백과 채용은 긍정적·부정적 영향을 모두 보여주고 있습니다.

동시에 하이브리드 워크는 시대적 요구에 맞는 근무 방식이기도 합니다. 미국을 중심으로 대퇴사 시대 현상이 심화되고 있습니다. 미국의 많은 직장인을 대퇴사 행렬로 밀어 넣은 큰 원인 중 하나

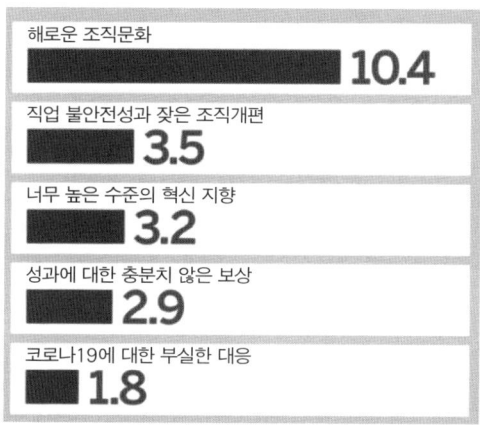

가 바로 대면 근무로의 전환입니다. 설 연구팀(2022)은 미국 직장인 3,400만 명의 프로필 데이터를 활용해서 퇴사 이유와 어떤 기업에서 그러한 현상이 더 발생하는지를 살펴봤습니다.[22] 첫째, 재택근무를 하면서 많은 직장인이 자기 삶의 가치관, 특히 가족과 개인 삶의 우선순위에 대해서 돌아볼 기회를 얻었습니다. 재택근무로 많은 시간을 가족과 개인의 가치 생활에 보냄으로써 그것이 얼마나 중요한지를 다시 한번 자각하게 되었습니다. 그런데 대면근무로 그에 대한 제한이 생기자 복직을 고민하게 되는 것입니다. 둘째, 해로운 문화toxic culture가 대퇴사를 가속화시키는 가장 큰 요소입니다. 스페이스X, 제트블루, 넷플릭스, 골드만삭스 등 혁신을 추구하는 조직에서 해로운 문화가 더욱 자주 발생한다고 밝혔습니다. 즉 너무 빠른 혁신과 기술 도입은 구성원들에게 큰 스트레스와 정신적 부담으로 작용해서 더 많이 회사를 그만둔다는 것입니다.

인공지능에 혁신적 변화를 가지고 온 생성적 적대 신경망GAN을 개발한 애플의 이안 굿펠로Ian Goodfellow는 회사가 대면근무로 전환하자 항의하며 사직했습니다. 애플 인공지능 부서의 가장 혁신적 자산 중 한 명이었던 이안 굿펠로의 사직은 이제 대면근무로의 전환이 얼마나 어려운 일인지 널리 알린 사례입니다. 2022년 5월 3일『포춘』설문에 따르면 애플 직원 652명에게 설문한 결과 대면근무로의 복귀에 67%가 불만족하고 있으며 56%는 다른 직장을 찾고 있다고 합니다.[23] 이처럼 근무 형태 변화가 구성원들의 실질적인 회사 선택과 잔류에 큰 영향을 미친다는 것이 사례로 입증되고 있습니다. 그러므로 많은 회사에서 재택과 대면을 병행한 하이브리드 워크를 더욱 적극적으로 적용하고자 하는 상황입니다.

조직과 인사부서의 디지털화가 본격적으로 시작된다

◇◇◇◇◇

앞으로 본격화될 하이브리드 워크는 기술과 플랫폼을 중심으로 고도화될 것이고 조직과 인사부서의 디지털화가 본격적으로 등장하게 될 것입니다. 아직 국내는 초기 단계에 있지만 마이크로소프트, 애플, 아마존과 같은 기업은 데이터 기반 인사 의사결정팀 구성원이 수십에서 수백 명일 만큼 고도화된 조직으로 구성되어 있고 비즈니스에 미치는 영향도 상당히 큽니다. 대표적인 예로 마이크로소프트의 데이터 기반 인사조직은 100명이 넘는 인력으로 구성되어 있고 5개 이상의 세부 역할로 구분됩니다. 그들의 분석 결과물은 경영진에 전달되기도 합니다. 이처럼 글로벌 기업으로 불리는 곳들은 하이브리드 워크가 상시화됨에 따라 구성원들의 업무 패턴과 성과 역시 데이터로 측정하고 관리하며 예측하는 단계에 와 있습니다.

앞서 예를 든 마이크로소프트의 연구를 보더라도 이메일을 주고받은 패턴 데이터(읽은 시간, 반응 시간, 수신자 및 발신자의 글자 수 등)로 구성원의 업무 행동이 구체적으로 관리되고 감독되고 있음을 알 수 있습니다. 사무실에 물리적으로 나가서 앉아 있을 때보다 집에서 자유롭게 근무하는 것 같지만 실제로는 회사와 리더가 구성원의 행동 관리를 쉽게 할 수 있게 되었습니다. 아직 국내 기업에서 이 같은 분석 사례가 소개된 바 없지만 현재 몇몇 주요 기업에서 관련 연구를 진행하는 것을 볼 때 하이브리드 워크 도입에 따른 데이터 기반 관리 활동이 더욱 중요해진다고 볼 수 있습니다.

이러한 흐름을 반영하듯 2022 미국인사관리협회SHRM 콘퍼런스에서도 하이브리드 워크 도입 사례를 많이 다루고 인사 기술과 데이터 기반 의사결정HR technology & data analytics 세션 숫자가 많이 증가했습니다. 이는 미국에서 본격화된 대퇴사 시대에 대응해 인사에서 구성원들을 유지하는 방안으로서 하이브리드 워크를 도입하기도 하고 채용과 퇴사를 예측하기 위한 일환으로 데이터 기반 의사결정을 더욱 공격적으로 도입하기 때문이기도 합니다. 앞으로 국내 기업 역시 하이브리드 워크 도입과 관리를 위한 다양한 사례를 연구해야 할 것이며 그 가운데 데이터 기반 의사결정의 역할도 더욱 커질 것으로 예상됩니다. 2022 미국인사관리협회SHRM 콘퍼런스 주제인 '긍정적 영향을 끼쳐라Cause the effect'처럼 리더와 인사부서가 조직과 구성원의 삶에 긍정적 영향을 끼칠 수 있는 역할을 해야 할 것입니다.

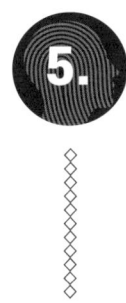

데이터로 채용-온보딩-보상이 이루어진다

　스웨덴의 통계학자이자 의사인 한스 로슬링Hans Rosling의 유고작 『팩트풀니스』는 우리가 세상을 바라보는 편견들을 숫자와 데이터를 기반으로 바로잡습니다. 팩트풀니스factfulness는 '사실충실성'으로 번역됩니다. 통념이 아니라 숫자와 데이터를 기반으로 한 사실로 사고하고 결정해야 함을 강조하는 단어입니다. 경영 현장에 데이터를 기반으로 한 인사 의사결정이 도입된 지도 10년 가까이 되었고 국내 기업도 적극적으로 이를 활용하고 있습니다. 인사 분야의 데이터 기반 의사결정은 '조직 구성원을 위한 목적에 따른 데이터 분석'으로 정의되므로 목적에 따른 데이터 수집, 분석 방법, 해석이 다릅니다. 이번 글에서는 최근 인재관리의 중요 패러다임인 직원경험을 어떻게 분석하는지 알아보고자 합니다.
　독일을 대표하는 소프트웨어 회사인 SAP는 직원경험을 '직원이 처음 채용 정보를 검색한 날부터 퇴사 이후까지 회사에서 경험하는 모든 것을 포괄한다.'라고 정의합니다.[24] 여기서 중요한 것은 경험이란 특정 상황에서 개인이 갖는 인식과 감정을 모두 포괄한다는 점과 조직이 모든 구성원에게 관심을 가진다는 점입니다. 2022년 미국인사관리협회SHRM 콘퍼런스에서도 강조되었듯 조직은 구성원 개개인이 조직, 리더, 인사제도를 향해 내는 모든 목소리에 관심을 가져야 합니다.

조직은 의미상 적게는 2명에서 많게는 10만 명 이상 규모를 가지므로 구성원 개개인의 목소리를 직접 듣고 관리하기는 현실적으로 불가능합니다. 그런데 기술이 발전함에 따라 빅데이터, 인공지능, 클라우드 등의 기술은 리더와 인사부서가 구성원의 목소리를 들을 수 있는 수단이 되었고 구성원의 행위를 이해하기 위한 설명이나 미래를 예측하기 위한 목적으로 분석하는 데이터 기반 의사결정도 더욱 높은 관심을 받고 있습니다.

채용도 데이터 기반 의사결정이 대세다

◇◇◇◇◇

직원경험은 구성원이 채용부터 퇴직 이후까지 갖는 전방위적 인식과 감정을 뜻하므로 채용 – 온보딩 – 유지 – 보상 순으로 각 사례를 살펴보겠습니다. 데이터 기반 의사결정이 가장 활발히 활용되고 있고 방법론 역시 지속적으로 발전하는 영역 중 하나가 채용입니다. 채용은 정의상 '미래에 우리 조직에서 고성과를 보일 것 같은 사람을 뽑는 예측 행위'라고 볼 수 있습니다. 오랫동안 인사담당자는 조직 내 고성과자의 개인 정보(학력, 학점, 외국어 성적 등), 특질(성격, 가치 등), 태도에 관한 데이터를 뽑고 이와 유사한 사람을 선발하는 '예측' 행위를 해왔습니다. 그러나 머신러닝과 딥러닝 등이 일반화되며 데이터 기반 '예측'이 효율적이며 효과적으로 가능해졌습니다. 가령 국내 S사는 채용 첫 단계인 서류 전형에서 버트BERT라는 딥러닝 모델을 활용해 시간과 비용을 줄였습니다. 우선 인사담당자가 자기소개서를 보며 회사에서 뽑고자 하는 역량을 기준으로 평가하고 관련 내용을 버트 모델 기반으로 컴퓨터를 학습시킵니다. 그 결과 인사담당자가 자기소개서 검토 기간을 20일에서 반나절로 줄이고 3억에 가까운 비용을 절감했으며 고성과자를 일관되게 선별해낼 수 있는 신뢰도와 타당도 역시 사람 대비 높은 것으로 확인되었습니다.

많은 회사에서 서류 전형 이후 성격 진단과 인지능력 검사를 실시합니다. 성격 진단은 100~200개 문항의 자기보고식 진단으로 진행되다가 최근 30~40개 문항 내외로 줄어든 인공지능 진단으로 대체되고 있습니다. 필자가 현업에서 채용 컨설팅 업무를 했을 때 가장 중요했던 요소 중 하나가 바로 지원자가 보이는 태도와 행동의 신뢰성입니다. 지원자는 자신의 본모습보다는 사회적으로 '바람직한desirable' 모습으로 진단과 면접에 임합니다. 그러므로 인사담당자 입장에서는 진단과 면접 결과만으로는 의구심을 품을 수밖에 없습니다.

인공지능 성격 진단은 이를 보완하기 위해 성격 진단 문항뿐만 아니라 지원자의 신상, 이력, 가족관계 등 개인 인생과 관련된 전기적 정보를 모두 분석 대상으로 삼고 성격을 추론합니다. 한 발

시선 추적 기반 인공지능 예시[25]

더 나아가 기존 팀원과의 조화를 미리 알 수 있도록 정합성과 차이점을 추산해서 보여주기도 합니다. 호페 연구팀(2018)이 발표한 「일상생활에서의 눈 움직임을 통한 개인 성격 예측 연구 Eye movements during everyday behavior predict personality traits」 논문[26]은 눈동자 움직임(눈 깜빡임 빈도, 집중시간, 동공 확장 정도 등)으로 개방성, 성실성, 외향성, 사회성, 신경증 등 개인 성격 5가지를 추론할 수 있다고 밝혔습니다.

면접 역시 다양한 분석 기술이 활용되고 있습니다. 대표적 기술이 이미지·영상 인식 분야입니다. 특히 이미지·영상 인식과 분석은 인간 감정을 파악하는 데 효과적입니다.[27] 사람의 감정을 추정하기 위해서는 자세 pose, 행동 action, 맥락 scene context도 중요하지만 가장 중요한 원천은 표정 face expression 입니다.[28] 인간의 감정은 화남, 분노, 경멸, 혐오, 두려움, 행복, 슬픔, 놀람, 중립 등 8가지로 분류되며 얼굴 인식 – 얼굴 전처리 – 분류 순으로 분석됩니다.[29] 얼굴 인식

페이스리더 예시[30]

단계는 이미지 내 얼굴이 어디에 위치하는지 찾고, 전처리 단계는 얼굴의 주요 특징을 숫자로 변환하고, 분류 단계는 데이터를 활용해 특정 감정을 구분합니다.

최근 합성곱 신경망 Convolutional Neural Network 기술이 제시되면서 관련 분석이 고도화되었고 가장 자주 쓰이는 분석 솔루션으로는 페이스리더 FaceReader, 오픈페이스 Openface, 컴퓨터 비전 Azure computer vision을 들 수 있습니다.[31] 그중 페이스리더는 이미지와 동영상 내 500개 이상의 얼굴 특징점을 분석해 사람의 감정을 수치화해서 보여주는데 평균 89% 정확도를 보이고 있습니다.[32] 현대자동차가 2022년 하반기부터 인공지능 면접을 도입한다고 밝혔는데 면접 절차에서 지원자가 보이는 행동 근거로 감정과 역량을 평가하며 제네시스랩 솔루션을 이용하고 있습니다.[33] 히크먼 연구팀(2022)은 동영상 인터뷰를 통해 지원자의 성격과 감정 측정이 얼마나 정확한지를 파악한 바 있으며[34] 여러 문헌을 통해 분석 정확도와 신뢰도가 밝혀지고 있는 상황입니다.

채용 이후 온보딩에도 데이터 기반 의사결정이 활용된다

채용 이후 온보딩에도 데이터 기반 의사결정이 활용됩니다. 온보딩은 신규 입사자가 조직에 잘 적응할 수 있도록 필요한 지식과 기술을 안내하고 교육하는 전 과정을 의미합니다. 글래스도어 (2021) 연구에 따르면 효과적 온보딩 절차는 구성원 유지를 82% 가량까지 향상한다고 밝힌 바 있습니다.[35] 특히 대퇴사·대전환 시대에 구성원 유지는 리더와 인사부서에 가장 중요한 과제 중 하나입니다. 보스턴 컨설팅이 2021년 7월 전 세계 7개국 직장인 7,000명을 대상으로 한 설문에 따르면 현장직 구성원 37%가 향후 6개월 안에 회사를 그만둘 계획이 있음을 밝혔습니다.[36]

BMW 그룹은 구성원 유지율을 높이기 위해 신규 입사자가 조직에서 맺는 관계를 네트워크 분석으로 확인한 결과 1년 내 퇴사자는 주로 신규 입사자끼리 관계를 맺었던 반면 오랫동안 회사에 다니는 입사자는 다양한 조직과 다양한 직무의 구성원들과 네트워크 관계를 맺었다는 점을 찾아냈습니다. 이후 신규 입사자에게 다른 부서 구성원을 소개하고 지속적으로 관계 맺을 수 있는 제도를 만들기도 했습니다. 뱀부HR BambooHR 솔루션은 신규 입사자에게 향후 '할 일 리스트 to-do list'와 일정 알림을 자동화한 서비스를 제공하고 있고[37] 아마존은 개인 휴대폰을 통해 리더가 일대일로 코칭하듯 특유의 철학과 가치를 전하는 플랫폼을 만들어 제공하고 있습

뱀부HR 화면 예시[39]

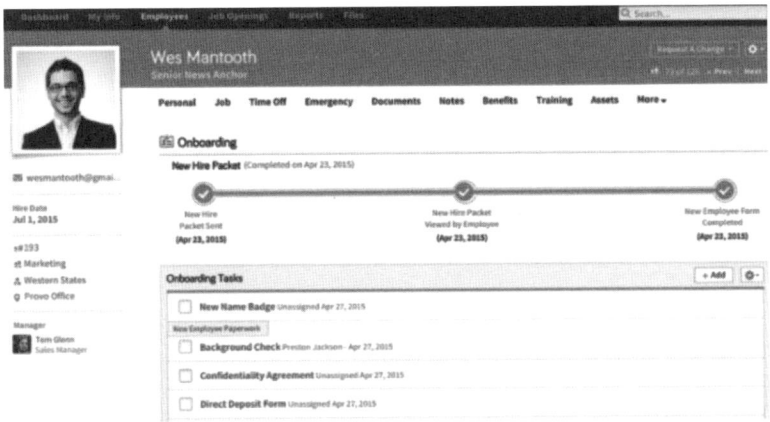

니다.[38] 이 밖에도 신규 입사자가 궁금해할 조직 내 특정 업무 담당자와 관련 문서를 챗봇으로 검색할 수 있게 하는 기술과 분석도 최근 널리 활용되고 있습니다.

이번 글에서는 유지 단계를 구성원이 회사를 지속해서 다니기 위한 인재관리 활동을 포괄하는 단계로 지칭했습니다. 유지 단계에서 가장 많은 관심을 받는 기술 중 하나가 구성원의 목소리를 듣고 긍정적으로 관리하기 위한 자연어 처리와 감정 관리 영역입니다. 마이크로소프트가 2022년 1~2월 전 세계 31개국 3만 1,000명의 구성원을 대상으로 한 설문조사 결과를 「2022 업무 트렌드 지수」로 발표했습니다. 응답자 53%가 일보다 건강과 웰빙을 중시한다고 밝혔으며 라틴아메리카(전체 중 70%), 아시아(57%) 순으로 높은 비중을 차지했습니다.[40] 코로나19로 인해 삶의 우선순위가 가족과 건강으로 바뀌기도 했지만 직장을 다니며 웰빙과 정신건강 문제, 일과 삶의 밸런스 문제를 각각 24%씩 겪는다고 답하며 주요한 퇴직 이유로 뽑았습니다. 세계보건기구WHO는 2030년 정신 질환으로 발생하는 경제적 비용이 16조 달러에 달할 것이라고 밝힌 바 있습니다.[41] 구성원의 웰빙과 정신건강은 조직 내 생산성에 직접적인 영향을 미칩니다. 이처럼 구성원의 웰빙과 정신건강은 구성원 관리의 중요한 주제가 되었으며 데이터와 분석으로 도움을 받을 수 있습니다.

미국 기업 시스코는 웰빙 개념을 단순히 신체적 건강에 머물지 않고 감성적, 사회적, 재정적 영역에도 도입하면서 클라우드 기반 소프트웨어로 관련 데이터를 기록하고 분석해서 웰빙을 높이기 위한 적절한 행동을 유도하고 있습니다.[42] 가령 동의한 구성원에 한해 웨어러블 기기를 통해 구성원의 수면 정보를 수집해서 관리하며 생활습관 개선을 위한 여러 가지 자극을 주고 있습니다. 코로나 19 이후 우리나라에서 심리상담 횟수가 이전 대비 920% 증가했으며 미국에서는 원격 심리상담을 통해 많은 직장인이 전문적인 도움을 받고 있습니다.[43] 원격 헬스케어 솔루션인 에이블투AbleTo는 조이어블Joyable을 인수해서 개인별 심리 상담 프로그램을 제공함과 동시에 정신건강 개선을 위한 메시지와 프로그램을 제안하고 있습니다.[44] 그 서비스 중심에는 개인 상태를 진단하고 분석해서 개별화할 수 있는 머신러닝 기술이 숨어 있습니다.[45]

다음으로 직장 내 웰빙을 도와주는 챗봇 활용이 증가하고 있습니다. 미국에서 개발된 치료 챗봇인 레플리카Replika는 월 평균 50만 명이 사용하며 딥러닝 알고리즘을 통해 사용자에게 차별화된

휴무 넛지 예시[46]

Nudge history

Your nudges from the past 6 months:

Ask more meaningful questions
When speaking with your coworkers, consider the possibility that your...
Sept 16 ★

RSVP yes
Allyship can look a lot of different ways. Speaking up on someone's behalf...
Sept 2

Imagine an interview
Imagine you could interview one of your customers. Write down two things...
Aug 29

Start with small innovations
Challenge team members to experiment by making one small change each...
Jun 16

대화를 제공함으로써 외로움을 줄여주고 정서적 안정감을 심어줍니다. 워봇Woebot은 프로그래밍 내용 안에서 구성원의 질문에 답하고 고충에 대해 공감하는 역할을 합니다.[47] 이 밖에도 베스트셀러 책 『구글의 아침은 자유가 시작된다』로 유명한 구글의 전 최고인사책임자CHRO 라즐로 복Laszlo Bock이 설립한 기업 휴무Humu는 직원 설문을 우선 하고 응답치에서 인공지능이 구성원의 행복에 가장 큰 영향을 미칠 수 있는 요인 1~2개를 찾아냅니다. 그리고 그 행동이 지속될 수 있고 긍정적 방향으로 변할 수 있도록 이메일, 슬랙, 또는 팀즈로 지속해서 넛지를 줍니다.[48]

보상에서 데이터 기반 의사결정을 통해 투명성을 높인다

◇◇◇◇◇

마지막으로 보상 영역에서 데이터와 분석을 활용하는 것은 직원 경험에서 투명성이 강조되며 더욱 주목받고 있습니다. 실리콘밸리 기업이 위치한 미국 캘리포니아주에서는 2023년 1월부터 직원이 15명 이상인 기관은 의무적으로 채용공고를 낼 때 시급 혹은 급여 범위를 밝혀야 합니다. 콜로라도주는 이미 2021년 급여 투명성 법률을 도입했고 뉴욕시는 2022년 11월부터 시행했고 워싱턴주는 2023년 1월부터 급여 범위를 의무적으로 밝히고 있습니다.[49]

마이크로소프트는 발 빠르게 대응해서 늦어도 2023년 내 모든 직무의 급여 정보를 공시한다고 밝혔습니다. 우리나라 기업 역시 직장인 익명 커뮤니티 앱인 블라인드Blind를 중심으로 구성원이 직무별 급여 정보를 활발하게 공유하고 있습니다. 이는 보상 투명성에 대한 요구가 미국 못지않게 높음을 알 수 있습니다. 미국의 보상 소프트웨어 및 데이터 회사 페이스케일Payscale은 보상 투명성은 조직과 구성원 간 신뢰를 높이고 인재 유지에 도움이 된다고 밝힌 바 있습니다.

구성원이 원하는 투명성 정도는 총 5단계입니다. 1단계는 개인별 급여 정보를 공개하는 단계이고 5단계는 급여 산출 관련 과정과 결과 모두를 공개하는 단계입니다.[50] 1단계에 비해 5단계의 투명성을 제공하는 조직은 구성원의 이직 의도가 65%가량 낮은 점을 고려한다면 급여 투명성은 조직 유지와도 큰 관련이 있다고 할 수 있습니다. 미국의 보상 플랫폼 오픈콤프OpenComp는 5만 개가 넘는 벤치마크 데이터를 기반으로 회사와 산업별 데이터를 실시간으로 업데이트하고 사용자가 조직의 현재 위치와 미래 방향을 정할 수 있도록 도와줍니다.[51]

긍정적 직원경험은 고객경험을 향상하는 데 도움이 된다는 믿음을 갖고 여러 리더와 인사부서가 직원경험에 관심을 쏟고 있습니다. 구성원이 긍정적 감정을 언제 어떻게 인식하고 느끼는지 대규모 데이터와 여러 분석을 활용하면 더 명확히 이해하고 다음 행동을 예측할 수 있을 것입니다. 이번 글에서는 최근 기업에서 채용부터 보상까지 도입하는 데이터 기반 의사결정의 사례로 직원경험 분석을 알아봤습니다. 데이터 기반 의사결정의 중요한 가치 중 하나는 실행을 위한 시작점을 명확하게 알려준다는 점입니다. 채용 - 온보딩 - 보상 중 어느 영역이든 작게라도 구성원에게 긍정적 경험을 주기 위한 시작이 되기를 바랍니다.

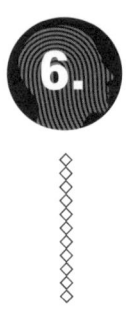

긍정적 고객경험의 비결은
직원경험 관리에서 시작된다

　과거 전자제품 매장에 가서 고를 수 있는 제품은 제한적이었습니다. 브랜드 제품을 값싸게 사는 것이 고객이 가질 수 있는 가장 긍정적인 경험이었으므로 기업은 소품종 대량생산 방식을 택했습니다. 그러나 오늘날 고객은 기업에 더욱 많은 것을 기대하고 그에 따라 아주 다양한 제품과 서비스가 제공되고 있습니다.

　이는 인재 분야도 비슷한 흐름을 거쳐왔습니다. 얼마 전까지만 하더라도 우리나라 기업은 공개채용 제도를 운영하면서 대규모로 신입사원을 채용하고 일정 기준에 따라 개인이 수행할 직무와 근무지를 정했습니다. 조직에서 신입사원에게 요구하는 능력이 서로 크게 다르지 않았기 때문에 가능했습니다. 그러나 최근 직무 중심 채용으로 전환되면서 수시로 직원을 뽑음에 따라 인재의 '소품종 대량생산' 체제인 공채제도가 사라지고 있습니다. 고객이 원하는 바에 따라 제품 생산, 고객 서비스, 마케팅, 인사 분야까지 세분화되었고 그러면서 고객경험customer experience이라는 개념이 중요하게 대두되었습니다.

구성원 역시 제품과 서비스를 소비하는 고객이다

◇◇◇◇◇

미국의 기술 및 컨설팅 회사인 IBM은 고객경험이란 '비즈니스 또는 브랜드와 상호작용하면서 축적한 고객의 인식과 감정을 집계한 것'이라고 정의합니다.[52] 세일즈포스의 「고객 관계 관리 트렌드 보고서」에 따르면 84% 고객이 숫자가 아니라 한 개인으로 대우받기를 원한다고 밝혔습니다. 고객은 단순히 우리 회사 제품을 사는 '돈'이 아니라 첫 검색부터 최종 구매까지 모든 여정에서 제품과 서비스에 대해 알아가며 일련의 감정을 느끼는 '존재'라는 것입니다. 그러므로 우리 모두가 보는 아마존 페이지가 고객마다 다르게 설계되고 제공되는 것입니다. 대규모 데이터와 최신 분석 기법으로 고객을 세분화하고 고객 여정 지도를 그리고 고객의 경험을 지속적으로 관찰하며 제품과 서비스를 실험하고 끊임없이 수정합니다. 고객으로서 우리가 누리는 제품과 서비스는 '나' 개인에게 더욱 차별화되고 지속적으로 개선됩니다. 그런데 우리가 간과하는 사실이 바로 고객경험을 지속적으로 창출하는 존재가 구성원이라는 겁니다.

구성원 역시 기업의 제품과 서비스를 소비하는 고객입니다. 그들 역시 과거와 다르게 원하는 것이 세분화되고 요구사항이 다양해졌습니다. 인사의 역사를 돌이켜보면 총무 및 복리후생 기능에 집중된 '인사관리personnel management', 조직 구성원을 조직자원으로 관리하는 '인적자원관리human resource management', 조직의 전략 목표 달성을 위한 인적자본을 강조한 '전략적 인적자원관리strategic human resource management'로 발전되었습니다. 전략적 인적자원관리는 조직의 전략을 효과적으로 달성하기 위한 인사제도를 회사 주도로 설정하고 인사부서는 이를 효율적으로 운영하고 구성원은 이를 수동적으로 따르는 존재로 가정했습니다. 그러나 최근 인사 분야에서도 구성원을 개별 가치와 선호를 가진 존재로 인식하고 관리하는 직원경험으로 전환되고 있습니다. 회사에 구성원을 맞추다가 구성원 개인에 회사를 맞춰 인사제도가 바뀐다는 것입니다. 이런 흐름은 미국인사관리협회SHRM 콘퍼런스에서도 강조되기 시작했습니다.

전통적인 주문자 상표 부착 생산OEM 회사에서 모빌리티 제조사로 전환 중인 BMW 그룹은 구성원들의 목소리를 최대한 반영하기 위해 자연어 처리, 감정 분석 등의 기술을 적극적으로 활용하고 인사관리에 적용하는 사례를 발표했습니다. 고객경험에서 고객이 원하는 바를 정확하게 듣기 위해 빅데이터와 인공지능이 활용되는 것처럼 인사부서에서도 데이터 기반 의사결정이 본격화되고 있습니다. 또 하나의 사례로 스티브 잡스는 직원경험이 고객경험에 미치는 영향을 잘 이해했던 리더입니다.

잡스의 유작으로 알려진 애플 신사옥은 구성원이 서로 협업하고 소통하며 고객에게 영감을 줄 수 있는 디자인을 할 수 있도록 설계되었습니다. 구성원 간 우연한 만남을 만들어내는 동선 설계, 예술

애플 신사옥 전경

적 또는 자연적 영감을 주는 디자인 설계, 자연 친화적 구성이 대표적입니다. 잡스는 구성원이 머물며 사고하고 일하는 공간이 고객경험을 창출하는 데 미칠 긍정적 영향을 잘 알고 있었던 것입니다. 결국 긍정적 고객경험을 창출하기 위해서는 긍정적 직원경험이 필수적입니다.

리더와 조직은 직원경험 관리를 위해 무엇을 해야 하는가

그렇다면 직원경험 관리를 위해 리더와 조직은 무엇을 해야 할까요? 첫째, 앞서 소개한 대로 적극적으로 데이터를 분석하고 활용해야 합니다. 어려운 분석이 아니라도 구성원이 매년 수행하는 조직몰입·문화 진단 데이터 혹은 직원 만족도 설문에서 세부 집단(성별, 연령 등)을 기준으로 니즈와 아쉬운 점을 평균 비교해보는 것으

직원경험의 층위 및 정의

조직환경 경험
- 미래 성장성 및 전망
- 조직 문화, 분위기 및 제도

리더십 경험
- 의사결정
- 일하는 방식
- 지원 배분
- 소통과 피드백

개인적 니즈
- 보상 및 복리후생
- 성장 비전
- 일과 삶의 균형
- 직무 만족

직원 경험의 향상은
조직 구성원 몰입과 성과 창출의 핵심

직원경험은 입사지원 시점부터 퇴사 시점까지 구성원이 경험을 형성하는 조직에 대한 인식의 총합이다. (출처: 가트너, 2021)

로도 충분히 인사이트를 뽑을 수 있습니다. 더불어 소셜 네트워크 데이터(잡플래닛, 블라인드 등)를 활용하면 구성원 요구를 보다 '있는 그대로' 볼 수 있습니다. 가급적 정량(설문 결과 수치 등) 데이터와 정성(주관식 결과, 크롤링 데이터 등) 데이터를 함께 보는 것을 추천합니다.

둘째, DEI의 적극적 실천입니다. 직원경험의 중요한 가정이 바로 '우리 구성원은 모두 다르다'입니다. 성별, 인종, 연령뿐만 아니라 가치, 성격, 정체성이 다른 존재로서 인정해야 합니다. 고객경험의 정의처럼 직원경험 역시 자신만의 경험을 창출하는 것입니다. 수직적 조직문화가 모든 구성원에게 긍정적이지 않은 것은 개인은 자신만의 세계와 상황에 맞춰 경험을 재구성하고 해석하기 때문입니다. 개인이 가진 다양성을 적극적으로 인식하고 관리해야 합니다. 이를 위해 대시보드를 이용하여 다양성과 포용성을 수치화해서 지속적으로 관리하고 개선해야 합니다. 이는 ESG의 지속가능 경영을 위한 방안이기도 합니다.

셋째, 직원경험은 입사부터 퇴사까지 계속되는 여정으로 봐야 하고 조직 환경, 리더, 개인 측면 등 다층 구조를 가진 것으로 관리해야 합니다. 새롭게 조직에 합류했을 때 얼마큼 구체적이고 세심한 온보딩 프로세스를 갖추고 있는가, 조직 생활을 하며 인재가 얼마나 성장했는가, 회사를 떠나는 인재를 잠재 고객이자 재입사 가능한 존재로서 긍정적으로 작별하는가 등 긴 여정으로 직원경험을 관리하고 영향을 미치는 측면이 조직문화·디지털 환경, 리더십, 일과 삶의 균형, 인재제도, 보상 및 복리후생 등 다양하다는 것도 염두에 두어야 합니다.

구성원이 서로 다름을 인정하고 포용하고, 구성원의 목소리를 데이터로 관리하고, 하나의 여정으로 직원경험을 관리할 때 초 개인화된 경험을 성공적으로 관리할 수 있을 것입니다. 기업과 조직 발전에 차별화된 고객경험이 제품과 서비스 향상에 도움이 될 수 있고, 그 시작점에 긍정적 직원경험이 있음을 잊지 말아야 합니다.

2장

데이터와 사례로 보는 직장의 미래

1.

직장과 인사에도 큰 변화가 생긴다

　우리가 데이터 분석을 통해 알고 싶은 것은 현재 상황에 대한 명료한 이해 혹은 예측 둘 중 하나입니다. 현재 벌어지는 일이 왜 일어났고 어떻게 대응할지에 대한 내용 분석을 설명explain이라 하며 미래에 어떤 일이 벌어질 것인지를 예측predict이라고 합니다. 리더와 인사부서가 국내외 타 기업들의 트렌드에 관심을 가지는 이유는 다른 조직에서는 현재 상황을 어떻게 대처하는지 '설명'하고 어떤 일이 우리 조직에도 일어날지에 대한 '예측'을 미리 하고 싶기 때문입니다. 그러나 현재 다양한 기업들의 트렌드를 살펴볼 때 더욱 중요한 것은 '왜?' 일어났는지에 대한 원인과 관련 상황을 이해하는 것입니다.

국내외 기업의 주요 인사 이슈는 무엇인가

◇◇◇◇◇

국내외 직장과 인사부서의 현재와 내년의 모습을 내다보기 위해서는 먼저 다음과 같은 외부 환경요인에 대한 논의가 필요합니다.

첫째, 현재 일하는 방식에 가장 큰 영향을 끼친 것은 엔데믹으로의 전환과 하이브리드 워크 체제입니다. 여기에는 코로나19와 함께 살아가면서 재택근무를 어떻게 관리할지에 대한 깊은 고민이 있습니다.

둘째, 인공지능, 데이터, 클라우드, 블록체인을 활용한 일하는 방식의 변화가 가속되었습니다.

셋째, 디지털 전환의 상시화입니다.

넷째, ESG로 시작된 사회적 자본으로서 기업의 역할 역시 중요해지고 있습니다.

다섯째, 다양성과 포용성을 넘어서 공정성을 중시하는 미국과 유럽의 움직임입니다.

여섯째, ISO30414를 필두로 한 인사 국제 표준화가 강화되고 있습니다.

일곱째, 조직 내 개인의 가치가 세대와 연령을 막론하고 중시되고 있습니다.

여덟째, 대퇴사·대전환의 흐름에 따른 의미 중심의 일하는 문화와 풍토가 강해졌습니다.

스타벅스의 하이브리드 워크 전환을 위한 주요 영역 3가지

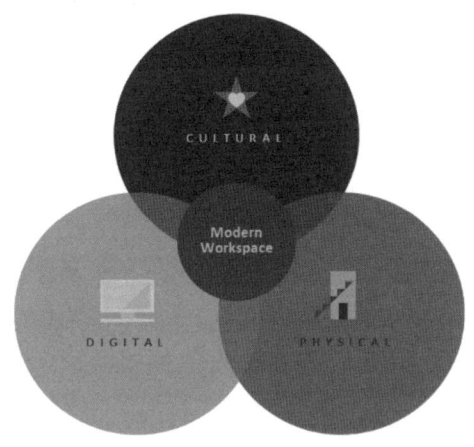

이 같은 외부 환경 요인은 필자가 국내외 다양한 산업과 인사 전문가들과 토론하고 다양한 문헌을 연구하며 중요하게 뽑은 8가지 변화 동력입니다. 이에 대응해서 국내외 기업의 주요 인사 이슈 역시 8가지로 뽑을 수 있습니다.

첫째, 팡FAANG을 필두로 한 하이브리드 워크 방식의 강화입니다. 엔데믹 시대로 전환됨에 따라 많은 기업이 사무실로의 복귀를 시도하고 있지만 재택근무를 '맛'본 근무자, 특히 IT 인력들의 반발이 심합니다. 이에 따라 국내 기업들이 하이브리드 워크를 어떻게 상시화하고 그 효과성을 검증할지에 대해 다양한 실험과 연구를 하고 있습니다. 마이크로소프트는 여러 내부 연구와 데이터 분석을 통해 재택근무가 조직 내 협업과 생산성 향상에 부정적 영향을 주는 결과를 확인한 바 있고 이를 줄이기 위해 50% 가까이 사무실 근무를 권장하고 있습니다. 스타벅스는 전통적 서비스 기업으로서 하이브리드 워크를 정착시키기 위해 구성원들에게 디지털 기술 교육, 디지털 환경 구축을 위한 비용 지원, 리더십 훈련, 새로운 시스템 구축 등 다양한 노력을 기울이고 있습니다.

둘째, 리스킬링과 업스킬링의 상시화인데 중요한 트렌드입니다. 2022 미국인사관리협회SHRM에서도 더욱 강조된 리스킬링과 업스킬링은 단순히 직원의 역량 향상을 위한 것이 아니라 기업이 변하는 환경에 맞춰서 생존하기 위해 반드시 갖춰야 할 인사 활동으로 인식되고 실행되고 있습니다. BMW 그룹은 인사부서의 디지털 전환의 하나로 구성원들에게 새로운 직무로의 전환을 위한 리스킬링·업스킬링 기회를 제공함으로써 미래 산업에 대한 준비도를 높이고 있습니다. 리스킬링과 업스킬링 제도의 유무는 구성원들이 조직에서 계속 성장할 기회를 준다는 제도적 증거이기 때문에 국내외 기업에서 큰 관심을 보이고 있습니다.

셋째, 데이터 기반 인사 의사결정의 가속화입니다. 이미 데이터 기반 의사결정은 인공지능과 머신러닝 활용을 촉매제로 더욱 빠르게 실행되고 있습니다. 이미 국내 대기업 집단에는 데이터 기반 의사결정 전담부서가 생겨서 다양한 프로젝트를 진행하고 있습니다. 더불어 인사, 데이터, 컴퓨터 공학 분야의 다양한 전문가들이 협업하여 핵심인재의 선발·유지·채용, 조직문화, 리더십 등 여러 프로젝트를 진행하고 있습니다.

넷째, 현장 밀착형 인사로의 전환입니다. 빠르게 변하는 환경에 대응하기 위해 인사 의사결정 역시 현장에서 민첩하게 할 수 있도록 인사 담당자의 역량을 강화하고 제도를 전환하고 있습니다. 대표적으로 HRBP Human Resource Business Partner 제도는 IT와 스타트업을 중심으로 적극적으로 실행되었는데 최근 대기업 역시 HRBP 제도 도입에 열을 올리고 있습니다. 더불어 그동안 중앙집권형 인사 의사결정이 주를 이루었던 대기업에서는 현장에 있는 인사 담당자의 역량 강화를 위해 교육부서와 협업하여 다양한 인사 프로그램과 협업 프로젝트를 진행하고 있습니다.

다섯째, ESG 이슈에 따른 CEO 승계 이슈입니다. ESG의 지배구조(G)에서 중요하게 다루는 CEO 후보자 선발과 육성 이슈에 대응하기 위해 인사부서에서 이와 관련된 프로젝트를 대대적으로 진행하고 있습니다. 잘 알려진 대로 국내 금융사들은 위원회를 만들어 적극적으로 지지하고 모니터링하는 상황이기도 합니다.

여섯째, 조직 내 다양성(성별, 세대, 가치관)과 포용성에 관한 관심입니다. 미국인사관리협회 SHRM 콘퍼런스에서도 매우 강조되었는데 구성원 몰입과 유지 수단으로서 DEI가 강조되지만 인사부서에서 여성 임원 30% 달성과 같은 방식으로 실행하는 것에 한계를 느끼고 있습니다. 조직 전체에 다양성과 포용성의 관심이 높아서 특정 집단에 대한 제도 실행에는 한계가 있기 때문입니다. 그러므로 최근에는 다양성 활동 역시 데이터를 기반으로 한 포용성 활동과 함께 진행하고 있습니다. 국내 H사가 진행하는 구성원의 가치관 진단과 이에 따른 성장 경로 제안 프로젝트는 단순히 구성원의 성과 연령이 아니라 가치에 관한 관심도 중요함을 보여줍니다.

일곱째, 직무 또는 직책 중심 인사관리 도입과 고도화는 오랫동안 인사의 관심사였지만 인적자원 정보시스템 HRIS, Human Resources

Information System 도입, DEI 등 다양한 이슈와 겹쳐 더욱 빠르게 관련 프로젝트가 많이 진행되고 있습니다. 이는 새로운 정부에서 강조하고 있어 공기업과 공무원 집단이 높은 관심을 보이고 있고 민간기업도 더 이상 미룰 수 없는 숙제이기 때문에 여러 시행착오를 겪으며 도입하고 있습니다. 이 주제는 국내 대표 스타트업이 빠르게 관련 연구와 실행을 하며 대기업 역시 모델링하고 있는 추세기도 합니다.

여덟째, 정년 연장에 따른 조직 내 제도와 문화의 대응입니다. 특히 임금피크제 판례와 2030년 생산가능인구의 대규모 감소에 따라 정년 연장 이슈는 공식화될 것으로 보입니다. 구성원의 활력 제고, 리스킬링 등을 통한 고령 인력의 직무 전환과 정착, 연공서열 중심 조직문화 타파 등이 매우 중요한 인사 이슈로 뜨거워지고 있습니다.

이제는 구성원 한 명 한 명의 의견이 중요한 시대다

◇◇◇◇◇

지금까지 국내외 기업들을 둘러싼 환경 요인과 그에 대한 인사 대응을 살펴봤습니다. 지금까지도 그랬지만 어느 것 하나 쉬운 게 없습니다. 특히 2022년부터 주어진 여러 과제는 그 난이도가 더욱 높다고 할 수 있습니다. 미국인사관리협회SHRM에서 인사 2.0HR 2.0이라 지칭한 대로 그동안 인사부서의 대응 방식을 표준화한 운영 고도화operation excellence로 문제를 해결해왔지만 이제는 구성원 한 명 한 명의 의견이 중요한 직원경험 시대이며 구성원에게 주도권이 넘어간 '새로운 질서'의 시대에 살고 있기 때문입니다. 즉 개인화된 인사 서비스와 활동에서 공정성과 투명성이 매우 중요한 가치가 되었습니다. 이는 단순히 운영 효율성·효과성을 높임으로써 대응할 수 있는 사안이 아닙니다. 이는 조직, 구조, 문화 관점에서 전방위적 전환을 통해 이루어낼 수 있는 변화입니다. 그렇다고 거대한 전환이라고 겁먹으며 손 놓고 있을 수는 없는 일입니다. 그렇다면 어떻게 해야 할까요?

첫째, 데이터 나침반을 만드는 것이 좋습니다. 조직 내 중요한 인사 이슈를 대표할 수 있는 지수를 지정하고 수치화해서 볼 수 있는 대시보드를 구현해봅니다. 조직마다 문제가 다르지만 미국인사관리협회SHRM에서 제공하는 인사 메트릭스도 참고할 만하며 현재 가진 여러 지수를 한눈에 시각화해서 표현한다면 현재 문제와 상황을 직관적으로 이해하고 여러 이해관계자의 공감을 사기도 쉬울 것입니다. 요즘은 파워BI, 구글 데이터 스튜디오 등 무료이면서 구축하기 간단한 툴이 많이 나와 있고 유튜브에 관련 강의가 수천 개 존재합니다.

미국인사관리협회 인사 메트릭스 10개

1. 직원 만족도 employee satisfaction
2. 전체 직원 이직률 overall employee turnover
3. 인구통계 demographics
4. 직원 성과 employee performance
5. 직원 몰입 employee engagement

6. 직원 1인당 교육 투입시간 training spent per employee
7. 다양성 diversity
8. 신규 입사자 이직률 new hire turnover
9. 연장 및 해고 addition & termination
10. 자발적 이직률 voluntary turnover

둘째, 인사 내부에 연구 기능을 작게라도 만들어야 합니다. 갈수록 인재의 채용과 유지가 조직 내 중요한 이슈가 될 것입니다. 이미 삼성글로벌리서치, HMG경영연구원, SK그룹의 마이써니 my-SUNI, LG경영연구원, LS피플랩 등이 만들어졌습니다. 조직에서 미래에 벌어질 수 있는 구성원과 관련된 문제를 미리 연구하고 준비하면 결국 조직의 미래 경쟁력에 긍정적 영향을 미칠 수 있습니다.

셋째, 인사 생태계 내에서 서로 교류하고 공유가 더욱 활발해야 합니다. 투명성이 매우 중요해지는 상황에서 인사 동역자 간 교류와 공유 역시 중요합니다. 성공과 실패 사례를 서로 나눌수록 새롭게 시도할 가능성도 커지고 함께 성장할 수 있을 것입니다.

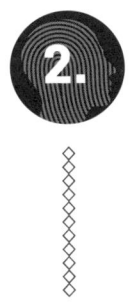

과거와는 다른 방식으로
일하게 된다

　질서가 바뀌었습니다. 3년 만에 미국에서 열린 2022 미국인사관리협회SHRM 콘퍼런스에는 새로운 질서에 맞는 인사를 고민하기 위해 전 세계 1만 8,000명이 뉴올리언스로 모였습니다. 2021년에도 열리긴 했지만 대부분 세션이 비대면으로 진행되었기 때문에 2022년이 되어서야 제대로 진행되었다고 볼 수 있습니다. 참가자들이 더욱 반갑게 서로를 맞이하고 더욱 열정적으로 강의하는 모습에서 기쁨과 에너지를 느낄 수 있었습니다. 그럼에도 불구하고 절박함 또한 더욱 강하게 느낄 수 있었습니다.

　미국인사관리협회SHRM의 대표인 조니 테일러Johny Taylor는 기조연설을 통해 3년간 우리 구성원들이 겪은 '무력함powerless'과 '신뢰의 상실loss of faith'을 극복하기 위해 리더와 인사부서가 주도적으로 조직과 구성원들에게 영향을 미칠 수 있도록 '긍정적 영향을 끼쳐라'라는 주제를 끌어냈다고 말했습니다.

2022 미국인사관리협회 콘퍼런스 주요 주제의 도식화

• 외부 환경: 대퇴사·대전환 시대, 코로나19, ESG

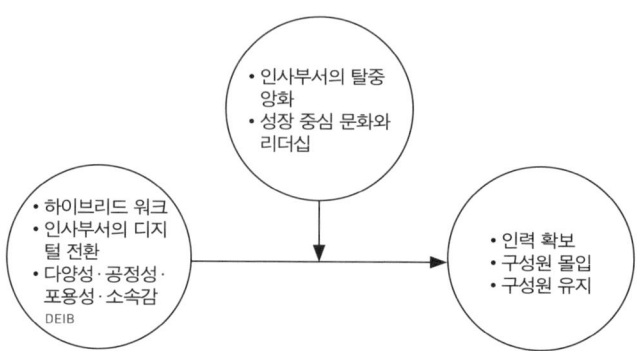

회사 중심 인사관리에서 구성원 중심 인사관리로 재편된다

◇◇◇◇◇

우선 여러 세션을 들으며 느낄 수 있었던 가장 명백한 변화는 모든 주도권이 고용주에서 구성원으로 넘어갔다는 것입니다. 다시 말해 모든 것이 기존 질서인 회사 중심 인사관리가 아니라 구성원 중심 인사관리로 재편되고 있습니다. 대부분 세션에서는 구성원들의 소속감, 몰입, 유지에 대해 이야기를 했습니다. 2022 미국인사관리협회SHRM는 구성원들의 몰입과 유지를 높이는 방안을 고민하는 시간이었습니다. 이를 모델화해서 설명한다면 결과변수인 Y는 몰입과 유지이며 X에 영향을 주는 새로운 독립변수로 DEI, 하이브리드 워크, 인사부서의 디지털 전환, 직원경험을 들 수 있습니다. X와 Y 간의 관계를 강화하거나 약화하는 요인으로 새로운 리더십과 조직문화가 있습니다.

필자가 주로 참석했던 세션은 인사부서의 디지털 전환, DEI, 하이브리드 워크였는데 생각보다 빠른 속도로 기술이 구성원들의 삶과 일에 스며들고 있었고 이는 하이브리드 워크를 가속화하고 있었습니다. 디지털 전환 세션에서는 BMW 그룹이 기술을 이용해서 인사제도와 조직문화를 전환한 4가지 사례를 소개했습니다.

첫째, 과거에는 리더에게 의견을 받고 정책에 반영했다면 이제는 자연어 처리 기술을 이용해서 실시간으로 구성원들의 의견을 사내에서 받고 감정 분석과 주요 키워드 분석을 해서 구성원이 요구하는 내용을 인사부서에서 인지할 수 있게 되었습니다.

둘째, 최근 미국에서 가장 큰 문제가 되는 대퇴사 시대의 영향으로 새로 채용한 사람들의 유지가 더욱 중요해졌기 때문에 오랫동안 근무한 사람들의 네트워크 특성을 분석하고 반영해서 신규 입사자들의 온보딩에 활용했다고 합니다.

셋째, 교육에서도 과거에는 주로 법률 관련 교육을 했다면 이제는 구성원들의 리스킬링과 업스킬링에 힘을 쏟고 있으며 대부분 교육을 가상현실VR과 증강현실AR을 혼합한 확장현실XR로 바꾸고 있었습니다.

넷째, 작업장 내 안전사고 발생을 줄이기 위해서 인공지능을 활용해서 구성원들의 작업 동선을 파악하고 사고가 발생하지 않도록 작업장 환경을 바꾸고 경고 시스템을 도입했다고 합니다. 글로는 간단히 소개하지만 한 시간 내내 눈을 뗄 수 없을 만큼 재미있고 유익한 인사의 디지털 전환 사례였습니다.

그리고 2022년 세션마다 공통으로 다뤄졌던 또 다른 주제가 바로 DEIB(다양성·공정성·포용성·소속감)*입니다. 다시 말해 구성원의 다양성, 포용성, 소속감의 연계입니다. 무엇보다 구성원들의 유지율을 높이고 퇴사율을 낮추기 위해서 조직에서 다양성에 더욱 신경을 쓰는 모습이었습니다. 미국의 다국적 기업은 DEI를 위해서 이미 활발하게 활용하는 ERG employee resource group 활동을 이제는 규모와 관계없이 지원하고 있다는 것입니다. ERG는 아시아계 직원 모임, 직무 전환에 관심 있는 구성원 모임 등 우리말로 굳이 번역한다면 사내동아리라고 할 수 있습니다. 이러한 ERG는 조직 내 같은 특성을 공유하는 구성원의 소속감을 높일 수 있으므로 더욱 강조되는 모습이었습니다.

하이브리드 워크도 역시나 강조되었습니다. 다만 과거처럼 재택근무 대 대면 근무로 양분화되어 토론할 게 아니라 구성원들에게 재택근무는 선택 가능한 근무 방식의 하나여야 하며 조직은 선택적으로 재택근무를 하는 사람과 협업하기 위해서 하이브리드 워크로 대규모 전환되어야 한다고 주장했습니다. 다만 이미 독자분들도 아시는 대로 다양한 조직에서 재택근무에서 대면 근무로 돌아가기 위한 진통을 겪고 있습니다. 미국인사관리협회 SHRM에서도 재택근무가 갖는 장단점을 모두 이야기하였고 재택근무를 시행할 때 필요한 소통과 리더십에 대해서도 다루었습니다.

대표적으로 재택근무를 할 때는 새로운 구성원 관리 방안이 필요한데 구성원의 성과를 단순히 앉아 있는 시간 butts in the seat man-

---

* 다양성·공정성·포용성DEI 개념에 소속감 belonging 추가

agement으로 관리하는 것이 아니라 결과를 중심으로 관리해야 함이 강조되고 있습니다. 더불어 의사소통에서도 과거처럼 잦은 회의를 통해 내용을 세부적으로 전달하는 것이 아니라 주요 내용을 두괄식으로 설명하고 세부 내용은 메일과 자료로 대체함으로써 서로 집중력을 높일 수 있다고 했습니다. 이처럼 하이브리드 워크를 정착시키기 위한 기술 도입, 활용, 리더십과 소통에 관해서 많은 이야기가 오고 갔습니다.

마지막으로 직원경험에 대한 논의도 활발하게 이루어졌습니다. 첫날 참석했던 2022 전 세계 인사 트렌드 세션에서는 앞으로 우리가 맞이하게 될 인사의 미래를 인사 3.0$_{HR\ 3.0}$으로 정의하고 주요 특징으로 개인화, 직원경험, 투명성을 강조했습니다. 사실 직원경험에서 강조되는 개념들은 연구마다 다르지만 추구하는 본질은 구성원 한 명 한 명의 목소리와 가치를 중요하게 생각해야 한다는 것입니다. 그렇기 때문에 다양한 기술이 인사에 반영되고 더욱 세분화되어 다양한 구성원들의 목소리를 듣고 반영해서 한 명 한 명의 몰입과 유지율을 높이고 퇴사를 막아야 한다는 것입니다.

초개인화 인사로 구성원의 몰입과 유지율을 높여야 한다

◇◇◇◇◇

2022 미국인사관리협회$_{SHRM}$ 콘퍼런스 4일 동안 들은 내용을 2가지 흐름으로 요약하면 '기술을 활용한 인사관리의 일상화'와 '인사의 초개인화$_{hyper\text{-}personalization\ in\ HR}$'입니다. 다양한 기술이 인사 영역에 도입돼서 하이브리드 워크와 성과관리 등이 변화하고 있었고 다양한

개인의 가치와 다양성을 존중함으로써 몰입과 유지율을 높이고자 노력하고 있었습니다. 대퇴사 시대에 미국인사관리협회SHRM에 참석했던 인사 담당자 중 90% 이상이 현재 계속 채용 중이나 지원자가 많이 부족하다고 입을 모아 이야기했습니다. 새로 구성원을 뽑기 매우 어려운 상황이므로 어떻게든 현재 구성원을 더욱 몰입하게 하고 유지하는 게 중요한 이슈입니다. 그러다 보니 구성원 중심 인사로의 새로운 질서가 생기게 되었고 앞으로도 더욱 강화될 전망입니다.

 미국인사관리협회SHRM 대표인 조니 테일러는 기조연설을 통해서 우리가 구성원들의 삶과 회사에 긍정적 영향을 미칠 수 있어야 하고 다시 일어설 수 있도록 힘을 키워줘야 한다고 강조했습니다. 그러기 위해 독자분들도 스스로 성장하고 힘을 키움으로써 회사와 구성원들이 다시 일어설 수 있도록 영향력을 보일 수 있길 바랍니다.

3.
메타버스 오피스 근무를
준비해야 한다

거주 문제는 우리의 오랜 고민거리입니다. 서울이란 물리적 공간은 한정되어 있고 그 공간에서 아파트나 빌라를 짓고 살아야 하니 공급은 수요와 비교해 턱없이 부족합니다. 단순 수요와 공급 원리로 설명하긴 어렵지만 서울 부동산 가격이 이토록 오른 것도 비슷한 원리일 것입니다. 맷 데이먼 주연의 영화 「다운사이징」은 자원 부족이 심해진 미래에 이를 해결하기 위해 인간의 몸을 축소한다는 이야기입니다. 신체가 12.7센티미터로 작아지면 필요 거주 공간과 먹는 양도 함께 줄어들 것입니다. 기술적으로 불가능한 이야기이지만 자원 문제를 해결할 수 있는 기발한 아이디어입니다.

전기자동차 업체 테슬라 CEO 일론 머스크는 인류가 지구에서 처한 자원 부족 문제를 해결하는 방법으로 화성으로의 이민을 제안했습니다. 인류를 우주로 이민시키기 위해서 가장 큰 문제가 되는 것이 화성에서 쓸 수 있는 에너지원과 화성으로의 이주비용입니다. 머스크는 2026년까지 인류를 화성에 보내겠다는 비전으로 테슬라와 스페이스X를 만들었으나 최근 그 계획을 3년 뒤인 2029년으로 미루기도 했습니다. 그러나 그가 지향하는 바는 여전히 화성으로의 인류 이주입니다. 머스크는 이를 위해 전기 배터리를 이용한 동력 에너지 상용화에 힘을 쏟았고 스페이스X를 창립해서 재활용 가능한 우주선을 개발하기도 했습니다. ESG가 지구의 지속 가능성을 해결하기 위한 조직과 개인의 노력이라고 한다면 머스크의 계획은 더 적극적이고 먼 미래를 내다본 노력입니다.

직장생활에는 어떻게 메타버스가 구현될 것인가

◇◇◇◇◇

또 하나의 적극적 노력이 바로 메타버스의 활용입니다. 코로나19로 많은 직장인이 회의, 행사, 교육을 위해 메타버스를 접한 경험이 있습니다. 실제로 2021년 이후 메타버스에 대한 관심도가 급증했습니다. 엔비디아 CEO 젠슨 황 Jensen Huang 회장은 '메타버스에서 엔비디아의 미래를 만들 것'이라고 선언하였고 마크 저커버그는 페이스북의 사명과 비전을 메타로 바꾸면서 더욱 사람들의 관심을 끌었습니다. 소위 전 세계에서 가장 똑똑하고 돈 냄새 잘 맡는 실리콘밸리 선도 기업들이 왜 메타버스에 그토록 많은 관심과 자원을 투자하고 있을까요? 그들이 그리는 메타버스에서의 생활은 어떨까요? 함께 미래를 그려보겠습니다.

우선 메타버스가 무엇인지 정의를 명확히 할 필요가 있습니다. 초월과 가상을 뜻하는 메타meta와 세상과 우주를 뜻하는 유니버스

universe의 합성어인 메타버스는 그 정의가 정말로 다양합니다. 우리나라 과학기술통신부(2021)는 가상현실, 증강현실과 같은 가상융합기술XR을 활용한 확장 가상세계로, 전기전자공학 전문가들의 국제 조직인 IEEE(2014)는 지각되는 가상세계와 연결된 영구적인 3차원 가상공간들로 구성된 진보된 인터넷으로, 비영리 기술 연구 단체인 ASF(2006)는 가상적으로 향상된 물리적 현실과 영구적인 가상공간의 융합으로 메타버스를 정의합니다. 삼성글로벌리서치의 이지인, 배수정, 홍주영(2021)은 세리CEO에서 메타버스의 3요소를 '가상의 자아' '가상의 공간' '가상의 활동'으로 구분합니다. 즉 진보된 기술과 장비는 자아, 공간, 활동을 구현하고 발전시키는 요소라는 것입니다. 메타버스의 선두주자인 엔비디아와 메타 역시 동일한 구성 요소로 정의합니다. 엔비디아의 젠슨 황 회장은 "인간 아바타와 소프트웨어 에이전트가 상호작용하는 3차원 공간이며 인터넷의 뒤를 잇는 가상현실 공간으로 그 속에서 미래를 만들 것"이라고 표현했습니다. 마크 저커버그 역시 "메타버스는 가상 환경으로서 디지털 공간에서 사람들이 스스로를 표현할 수 있는 방식이며 단순히 인터넷에서 '관찰'하는 것이 아니라 직접 그 안에 들어가 있는 것"이라고 정의했습니다. 결국 메타버스를 정의함에서 자아, 공간, 활동이 주요 구성 요소라는 겁니다.

2022년 8월 25일 게임회사인 컴투스는 메타버스 플랫폼 '컴투버스'를 소개하며 2024년 1분기에 기업을 대상으로 한 서비스를 상용화할 것이라고 밝혔습니다. 컴투스는 총 9개의 메타버스 속 공간인 아일랜드를 구축해 현실세계의 서비스와 콘텐츠를 그대로 옮겨오고 시민권을 부여할 예정이라고 합니다. 또한 토지를 분양해서 메타버스 내에서 공간 산업도 한다고 밝혔습니다. 맥킨지가 2022년 6월 발표한 「메타버스 내 가치 창출」 보고서는 2030년까지 메타버스 시장이 5조 달러(한화 6,700조 원) 규모로 예상하며 기업에서 무시하기 힘들 정도로 큰 기회라고 강조했습니다. 메타버스 시장을 구분하면 다음과 같이 3가지 시장으로 분류됩니다.

첫째, 하드웨어 시장: 가상현실·증강현실(오큘러스, 구글 글래스 등), 컨트롤러 등
둘째, 콘텐츠 관련 소프트웨어 시장: 제페토, 로블록스 등
셋째, 개발도구 시장: 엔비디아 칩셋, 유니티 엔진 등

하드웨어부터 소프트웨어와 제반 기술이 활용된 새로운 세상을 만드는 비즈니스에 기업의 이목이 집중되는 것은 어찌 보면 당연합니다. 엔비디아와 메타뿐만 아니라 마이크로소프트, 구글, 유니티 같은 글로벌 기업과 국내 네이버를 필두로 한 IT 기업이 대규모 투자를 진행하고 있습니다.

실제 직장생활에는 메타버스가 어떻게 구현될까요? 첫째, 하이브리드 워크가 강화되고 가상공간에서의 글로벌 협업이 증가함에 따라 조직에서 메타버스 활용은 지속적으로 증가할 것으로 기대됩니다. 하이브리드 워크가 주는 협업과 혁신을 떨어뜨리는 주요 원인이 일방향적 소통(이메일을 주고받는 행위 등)이거나 시공간을 함께 활용함으로써 발생할 수 있는 아이디어 발산(토론 과정에서 생기

는 아하! 경험)이라는 점을 고려했을 때 메타버스 활용은 하이브리드 워크의 단점을 보완할 수 있는 좋은 플랫폼이 될 수 있습니다. 특히 메타버스 내 공간을 실제 사무실과 유사하게 만든다면 더 몰입감 있는 환경으로서 기능할 수 있을 것입니다. 코로나19로 전 세계적 이동에 큰 제약이 생겼음에도 전 세계 기업의 운영에 큰 무리가 없다는 점을 보고 국내 기업들은 주재원 활용을 고민하기 시작했습니다. 이후 논의할 글로벌 관점에서 해외 법인과 인재 운영 방법을 어떻게 할 것인가에서도 다루겠지만 현지인 중심 현지법인 운영이 가질 수 있는 장점이 많음에도 불구하고 주재원을 파견했던 주요한 이유는 정보 비대칭 이슈가 큽니다. 현지인이 가진 정보가 본국에 제대로 전달되거나 공유되지 않았던 문제가 주재원의 잦은 파견으로 이어진다는 것입니다. 그런데 다양한 디지털 플랫폼에 더해 가상현실·증강현실을 활용한 메타버스가 활용되면 더 이상 주재원이 현지에서 법인을 운영할 필요가 없어질 수도 있습니다. 이런 점에서 메타버스는 직장생활에 직접적 영향을 미칠 수 있습니다.

둘째, 최근 가장 중요한 조직 이슈 중 하나인 대퇴사·대전환 시대에 주요한 원인 중 하나가 불필요한 긴 통근 시간에 대한 자각과 피로감 누적입니다. 재택근무를 하며 매일 2~3시간을 허비했던 통근 시간에 대한 질문을 던지기 시작했고 코로나19를 2년 넘게 겪으면서 훌륭한 사무 공간이 집에 준비되었다는 점도 메타버스가 직장에서 활용될 수 있는 촉진제입니다. 재택근무는 우리가 조직 내에서 소통하는 장면만 온라인으로 가져온 것입니다. 그러므로

직방의 가상오피스 소마 42컨벤션

비대면 회의가 종료된 순간부터 구성원은 직장과 단절되는 경험을 합니다. 이는 구성원에게 "내가 회사에 다니고 있는 게 맞나?" "내가 조직 구성원이 맞나?"라는 의문으로 이어지고 소속감을 떨어뜨리는 효과를 낳게 됩니다. 또한 직무에 몰입하지 못하게 됨으로써 직무 성과에도 좋지 않은 영향이 있음을 확인했습니다.

메타버스 공간과 가상현실·증강현실을 활용하면 구성원은 근무시간 동안 조직과 동료와 연결되어 있음을 다시금 느낄 수 있습니다. 메타버스라는 공간에서 구성원 간 우연한 소통도 가능해지며 주변 동료가 무엇을 하는지 관찰할 수도 있어서 몰입도가 높아집니다. 또한 혼자 있다는 외로움이란 감정을 메타버스 공간에서는 상대적으로 적게 느끼게 되어 생산성 저하를 막는 데 유효합니다. 직무 성과의 향상을 방해하던 업무 외 행동 역시 감소하여 자신의 일에 집중할 수 있게 됨으로써 성취도도 올라갈 것으로 기대됩니다.

셋째, 구성원의 역량 향상에 상시 메타버스가 적극적으로 활용될 것입니다. 코로나19로 이미 많은 기업에서 신입사원 교육을 메타버스로 진행했으며 주간회의, 월례회의, 이벤트도 가상공간에서 많이 열리고 있습니다. 이 밖에 많은 기업에서 가상현실·증강현실과 메타버스를 활용해서 구성원의 역량 향상에 활용하고 있습니다. 가령 BMW 그룹과 폭스바겐은 자동차 공정에 대한 이해와 실제 체험을 가상현실·증강현실과 메타버스를 적극적으로 활용해서 진행했습니다. BMW 그룹은 장기적으로 조직 내 모든 훈련을 가상현실·증강현실과 메타버스로 대체한다고 발표한 바 있습니다. 또한 의료기기 및 소방관 훈련 등 안전과 관련된 훈련은 위험하기도 하고 비용도 상당히 많이 들어가기 때문에 메타버스가 적극적으로 활용되고 있습니다. 현재까지도 조직 내 업스킬링·리스킬링은 강의나 토론 방식에 집중되어 있습니다. 이에 따라 앞으로 조직과 구성원에 더욱 중요해질 업스킬링·리스킬링에 메타버스가 큰 역할을 할 수도 있습니다.

메타버스가 구성원의 역량 향상에 도움이 된다

개발센터development center는 실제 업무 환경과 유사한 시뮬레이션 과제를 통해 구성원의 역량을 측정하고 향상하도록 설계된 프로그램입니다. 개발센터가 구성원의 역량 향상에 효과적인 가장 중요한 이유가 바로 실제와 유사한 환경을 제시하며 풀어야 할 과제 역시 몰입감을 준다는 것입니다. 그런데 개발센터 환경이 대부분

종이 기반의 '읽고 푸는' 형식이라면 메타버스는 '보고 체험하는' 방식이 가능하기 때문에 몰입도를 더 높일 수 있습니다. 지식과 기술의 습득과 이후 향상도를 측정하기 위해 메타버스를 활용한 구성원의 역량 향상이 더욱 광범위하게 진행될 것입니다.

메타버스가 한순간 유행으로 사라질 것이라는 예측도 있습니다. 그러나 이는 우리가 다가올 세상에 '대응'한다는 자세로 세상을 볼 때 유효한 예측입니다. 바이든 정부와 블랙록은 ESG를 적극적으로 추진함으로써 새로운 비즈니스로 '전환'할 수 있다고 생각합니다. 새로운 시장을 만드는 관점으로 메타버스를 본다면 완전히 새로운 세상이 우리 앞에 열릴 기회이며 선점하기 위해 전 세계 기업이 매진하고 있습니다. 우리는 기술이 빠른 속도로 움직이고 새로운 세상이 열릴 때 지속적으로 그 방향으로 바라보고 움직일 수 있도록 발걸음을 재촉해야 합니다. 그러기 위해 조직과 리더, 구성원 모두 새 변화를 지속적으로 받아들이고 학습하는 태도가 필요하고 동시에 새로움을 실행하는 노력을 해야 할 것입니다. 그러면 메타버스에서의 우리 생활이 너무 멀지 않은 가까운 미래로 어느 순간 우리에게 다가와 있을 것입니다.

4.
주 4일제가 가져올
변화를 준비하자

오랫동안 조직과 리더들은 구성원 평가의 중요한 기준으로 얼마나 길고 성실하게 근무했는지를 봤습니다. 특히 사무직 근로자는 영업이나 제조 직무와 다르게 성과를 명확하게 보여줄 지수가 없기 때문에 성과를 증명하기 위해 '엉덩이로 일하는' 시간을 중시했습니다. 이는 우리나라에만 국한되지 않고 미국, 영국 등 전 세계 어디서든 통용되던 방식이었습니다. '엉덩이로 일하는'이라는 표현은 리더가 구성원 평가에서 얼마나 오랫동안 자리에 있었는지를 보는 현상을 의미합니다.

그러나 갑작스레 재택근무가 되면서 리더는 구성원이 얼마나 오랫동안 자리에 앉아 있는지 확인하기 어려워졌습니다. 우스갯소리로 재택근무 초반에 리더가 하는 중요한 일은 메신저의 '자리 비움'으로 전환된 구성원이 없는지 확인하거나 불시에 '카메라'를 켠 비대면 회의 소집이라는 말도 있었습니다. 더욱 똑똑한 우리 구성원은 자동 마우스 클릭 기계를 구입하기도 하고 혹자는 마우스를 로봇청소기에 달아 움직이는 천재성(?)을 보여주었다고도 합니다.

주 4일제가 생각보다 빠르게 도입될 것이다

◇◇◇◇◇

국내 모 기업은 재택근무를 하는 구성원이 실제로 얼마나 집에 있는지를 회사 노트북 IP 추적으로 확인한 바 있습니다. 놀랍게도 재택근무를 신청한 구성원 중 23%가 집이 아닌 곳에 있었다고 하며 8% 가까이가 제주도에 있었다는 재미있는 결과가 나왔습니다. 그래서 현재 리더에게 필요한 역량 중 하나가 바로 과정과 결과를 기반으로 한 성과 평가와 피드백입니다. 자리에 앉아서 얼마나 오래 일했느냐가 아니라 목표를 효율적이며 효과적인 방법으로 달성했는지를 대면과 비대면 2가지 방식 모두로 평가하고 피드백을 해야 한다는 것입니다. 참으로 리더에게 어려운 시대임이 확실합니다.

우리나라 직장인들에게 긴 근무시간은 업무와 조직 몰입의 중요한 지수였습니다. 2021년 기준 경제협력개발기구 OECD 가입 국가 중 아직 연간 1,908시간을 일하며 3위(1위 멕시코, 2위 코스타리카)를 수성하고 있습니다. 이는 평균 대비 300시간을 더 일함을 의미합니다. 재택근무가 장기화되고 성과 평가 방식이 바뀌면서 긴 근무시간에 대한 회의도 들기 시작했습니다. 그런데 우리가 주 5일제를 시작한 게 불과 17년밖에 되지 않는다는 것은 요즘 세대에게 충격적인 사실일 것입니다. 2005년 7월 주 5일 근무를 본격적으로 시

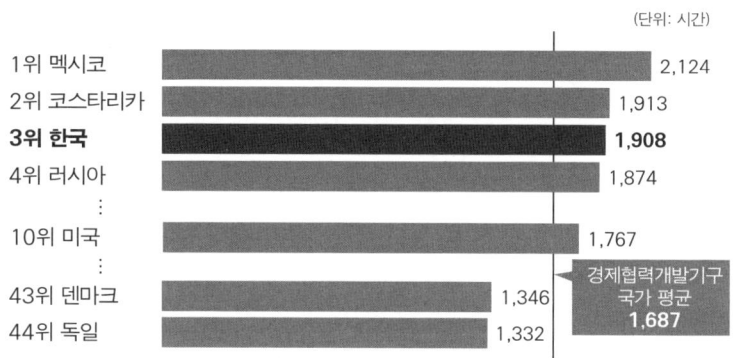

행할 때 기업 경쟁력 하락을 우려하는 목소리가 컸습니다. 최근 주 40시간 논의까지 과거와 비교해 근무시간은 많이 줄었습니다.

그리고 요즘 유럽 국가를 중심으로 주 4일 근무 논의가 활발하게 되고 있고 캐나다와 미국 기업에서도 사례가 속속 나오고 있습니다. 우리나라도 몇몇 기업이 빠르게 주 4일제를 도입하고 있습니다. 아직은 일반 직장인에게 주 4일제는 먼 이야기로 느껴질 것 같습니다. 그러나 필자는 유럽에 있는 연구팀과 논의하고 관련 연구를 공부하며 생각보다 빠르게 우리에게 주 4일제가 다가올 것으로 예상하고 있습니다. 그렇다면 그 모습은 어떨까요?

우선 주 4일 근무제 도입의 주요 원인을 이해해야 합니다. 사실 주 4일 근무 논의가 아주 최근의 이야기는 아닙니다. 2019년 11월 BBC 뉴스에 마이크로소프트 일본 지사가 주 4일 근무를 시범 운영한 사례가 소개되었고 전 세계적 주목을 받았습니다. 일본은 아직도 조직에 대한 충성을 긴 근무시간으로 증명하는 문화를 가지고 있습니다. 한 조사에 따르면 일본 기업의 25%가 한 달에 80시간 이상의 야근을 무급으로 하고 있다고 밝혔습니다.[1] 업무 강도가 높은 일본 사회에서 마이크로소프트가 주 4일제를 실시한 것은 새로운 시도였으며 구체적으로 하루 10시간의 주 40시간을 유지하고 급여를 동일하게 받게 했습니다. 금요일마다 회사 문을 닫고 주말까지 3일을 쉬게 한 것입니다. 휴식에 익숙하지 않은 직원을 위해 자기계발 비용과 가족 여행 보조금을 지원하기도 했고 업무 효율성 증진을 위해 회의 시간을 30분, 인원을 5명으로 제한하고 오후 1~3시를 집중 근무시간으로 지정했습니다.[2] 결과가 어땠을까요? 흥미롭게도 주 4일제를 실시한 한 달 이후 직원 1인당 매출 기준 생산성이 전년 대비 40%가량 증가했고 사무실 운영비에서 절약된 전기사용료와 종이 인쇄비용까지 고려하면 더욱 높은 재무적 성과를 이루었다고 볼 수 있습니다.

주 4일제를 경험한 직원 2,280명 중 92% 가까이가 긍정적으로 인식했고 업무와 삶에 긍정적 변화를 줬다고 답했습니다. 2022년 6월 마이크로소프트 본사의 데이터 기반 의사결정팀원과 논의할 기회가 있어 이후 일본 마이크로소프트의 주 4일제 유지에 관해 물어봤는데 아쉽게도 계속 유지되지 못했다고 합니다. 그러나 당시 주 4일제 실험은 전 세계적으로 우리나라의 근무 방식을 다시 생각하게 된 계기였습니다. 더 적게 근무하고도 더 높은 효과를 냈다면 경영학의 제1원칙인 효율성에 매우 맞는 제도이기 때문입니다.

그 후 주 4일로 근무 일수를 줄이고도 생산성이 유지되는지 여러 사회에서 실험이 진행되었고 최근 영국에서 대규모 연구가 진행되고 있습니다. 영국 일간지 『가디언』에 따르면 2022년 6월부터 영국 70개 기업이 임금 삭감 없는 주 4일제 실험에 참여했다고 합니다. 은행부터 병원까지 3,000명이 넘는 구성원이 향후 6개월 동안 해당 실험에 참여하게 됩니다. 본 실험은 근무시간은 80% 줄이면서 생산성과 임금은 100%를 유지할 수 있는지 확인하게 됩니다. 즉 물리적 시간 기준의 투입을 줄이면서 생산성은 유지해야 하므로 구성원에게 더욱 높은 집중도와 몰입이 필요합니다. 2022년 9월 초 기준 영국 핀테크 기업인 애텀뱅크는 주 4일제를 도입하고 고객 서비스 평가 지수가 개선됐고 직무 만족도가 상승했으며 입사 지원자도 전년 대비 49% 증가했다고 합니다.[3]

영국보다 앞서 주 4일제 실험을 한 아이슬란드의 4년간 연구 결과는 줄어든 노동시간 속에서도 업무 생산성은 유지 혹은 상승했으며 번아웃 감소와 일과 삶의 균형이 개선되었음을 보였다고 합니다. 이처럼 주 4일제 효과가 단순히 정치적 구호가 아니라 일련의 사회 실험을 거치며[4] 증명되고 있고 실질적인 국가 제도로 정착되고 있습니다. 벨기에는 2022년 2월 노동법을 개정해 주 4일제를 공식 도입했으며 미국은 캘리포니아주가 주 4일제 법제화에 적극적으로 동참하고 있습니다. 직원이 500명 이상인 기업의 주당 근무시간을 40시간(5일)에서 32시간(4일)으로 줄이는 게 해당 법 변화의 핵심입니다. 근무시간 단축에 따른 임금 삭감은 금지됩니다.

최근 발표된 강모열과 이동욱의 연구(2020)[5]는 우리나라 임금 근로자 약 3,900명을 대상으로 근무시간과 생산성 관련성을 살펴보았는데 주당 근무시간이 길어질수록 노동생산성 손실이 점차 커지는 경향을 확인했습니다. 특히 주당 52시간 근무자는 40시간 근무자와 비교해 노동생산성 손실 위험이 남성은 5.1%, 여성은 6.6% 더 높음을 밝혔습니다. 적은 노동이 생산성에 중요한 지수임이 국내에서도 최근 밝혀지고 있습니다.

주 4일제 도입이 중요한 이유 두 번째는 바로 구성원의 정신건강 문제입니다. 2022 미국인사관리협회SHRM 연구에 따르면 설문에 참여한 미국 직장인 49%가 정신건강에 문제를 겪고 있고 상담을 받고 있다고 밝힌 바 있습니다. 미국인사관리협회SHRM 대표 조니 테일러John Johnny Taylor Jr.는 기조연설을 통해 "현재 우리 구성원들은 교차로에서 힘과 신뢰와 방향을 잃고 서 있다."라고 말하며 구성원들을 위한 조직과 리더의 적극적인 공감과 노력이 필요하다고 주장했습니다. 코로나19 이전까지 구성원들은 조직에서 설정하고 제시한 목표를 달성하기 위해 쉼 없이 달려왔습니다. 그들은 돌아보고 성찰할 여유가 없었기 때문에 이따금 느끼는 무력감과 우울감이 성취를 위해 당연히 느껴야 하는 감정으로 치부됐습니다. 그러나 지속적인 무력감, 불안, 우울감은 구성원의 삶에 심각한 영향을 주었으며 오래되면 마약 복용이나 자살 등 극단적 경우로 이어졌습니다.

구성원의 정신건강과 웰빙에 도움이 된다

◇◇◇◇◇

코로나19를 겪으며 재택근무를 하고 가족과 또는 혼자 보낼 시간이 많아지자 구성원은 자신을 돌아볼 수 있게 되었고 지금껏 느껴온 감정에 문제가 있었음을 자각하였습니다. 이로 인해 오랫동안 근무해온 직장을 떠나는 현상이 시작되었고 이는 앞서 이야기한 대퇴사·대전환 시대의 촉매제가 되기도 했습니다. 이처럼 주 4일제는 구성원의 정신건강을 지키는 방안으로서도 관심받고 있습니다. 동시에 주 4일제를 시행하는 기업은 구성원의 웰빙에 관심이 있는 곳으로 브랜딩을 할 수 있습니다. 영리한 기업들은 이를 인재 유지 전략으로 발 빠르게 이용하고 있습니다. 일본 히타치는 디지털 전환을 통한 산업 전환을 가속화하고 있는데 2023년 3월까지 1만 5,000명의 직원을 대상으로 주 4일제를 실행하며 일본 내 IT 인재를 적극적으로 유인하고 있습니다.[6]

국내 스타트업의 대표주자인 우아한형제들은 그동안 주 35시간 근무제도를 채택해서 월요일은 오후 1시에 출근하게 함으로써 근무시간을 줄이는 제도를 시행해왔고 2023년 1월부터는 주 32시간을 시행하고 있습니다. 직원들은 주 32시간을 기준으로 월 단위로 총 근무시간을 자유롭게 정하게 됩니다.[7] 가령 어떤 주에는 20시간만 근무하고 몰입이 필요한 주에는 50시간 이상 일하는 것도 가능하다는 것입니다. 이는 급속도로 성장하는 조직의 효과적인 운영체계를 마련하고 인재 경쟁이 심화되는 IT 업계에서 경쟁력을 확보하는 방안으로 실행한 것입니다. 국내에서도 인재 경쟁이 치열한 IT

기업부터 앞장서서 우수 인력을 끌어오기 위한 당근으로 주 4일제를 시행하고 있습니다.

또 다른 중요한 원인은 바로 기술의 발전에 따른 구성원의 지속적인 역량 강화의 필요와 일자리 감소가 있습니다. 독자분들도 이미 체감하였듯이 기술의 발전 속도는 일반 직장인이 따라잡기에 버거울 정도입니다. 정확히 표현하면 데이터 기반 인사 의사결정을 연구하는 필자 역시 다음 날 눈뜨면 새로운 기술이 등장했다고 느끼며 좌절할 정도로 기술의 발전 속도가 빠릅니다. 매일 8시간씩 일하며 새로운 기술을 연마하고 적용하는 것은 현실적으로 불가능합니다. 디지털 전환으로 기술 활용이 생산성을 좌우하는 시대가 되었으므로 조직 역시 구성원에게 자기계발 시간을 적극적으로 만들어줘야 하며 그로 인한 생산성 향상도 기대할 수 있습니다. 아이러니하게 기술의 발전은 일자리 감소로도 이어졌습니다. 제조업 현장의 스마트 팩토리화 등은 더 이상 구성원에게 많은 근무 시간을 요구하지 않게 되었습니다. 그래서 주 4일제가 적극적으로 도입된 사례도 있습니다.

이 밖에 우리가 주목해야 할 분야가 바로 헬스케어 산업 종사자입니다. 수많은 의사와 간호사가 밤낮없이 일하며 코로나19와 싸웠습니다. 바이오 산업에 속한 구성원들 역시 주 4일은커녕 주 6~7일을 일하며 우리 같은 일반인의 삶이 안정화되도록 엄청난 노력을 했습니다. 미국 정신건강 연구소 Mental Health America 조사에 따르면 코로나19를 겪으며 의사와 간호사 중 93% 이상이 정신건강에 문제를 겪었으며 80% 이상이 근무환경과 근무시간에 변화가 없으며 새로운 직업으로의 전환을 고려하고 있다고 답했습니다. 우리나라와 같이 고령인구가 빠르게 증가하는 국가에서 의료 인력의 중요성은 더욱 높습니다. 가뜩이나 대퇴사·대전환으로 직원 이직 문제가 심각한데 의사와 간호사 인력까지 빠져나간다면 우리 삶에 큰 타격을 줄 수 있습니다. 이에 포르투갈과 스웨덴 등에서는 우선 헬스케어 산업 구성원을 대상으로 한 주 4일제 도입을 적극적으로 추진하고 있습니다.[8]

주 4일제를 어떻게 준비해야 하는가

◇◇◇◇◇

사람인이 국내 직장인 4,155명을 대상으로 2021년 11월에 조사한 바에 따르면 약 80% 가까이 주 4일제를 찬성했으며 휴식 보장과 워라밸 문화 정착과 재충전으로 업무 효율을 상승시킬 수 있을 것으로 기대했습니다. 반면 반대하는 사람들은 임금 감소에 대한 우려와 주 4일 근무 강도가 너무 높을 것 같다는 의견을 냈습니다. 그러면서 63%가량이 우리나라에도 주 4일제가 도입될 것으로 내다봤고 65%가 2025년 안에 시행될 것으로 예측했습니다.[9] 많은 구성원이 예상하듯 전 세계적으로 주 4일제 논의가 빠르게 진행되고 있으며 앞서 설명한 대로 일부 국가는 법제화 후 실행 중에 있습니다. 멀고도 가까운 주 4일제 근무를 조직, 리더, 인사부서가 다음과 같이 빠르게 준비할 필요가 있습니다.

첫째, 결과 중심으로 성과 평가를 바꿔야 합니다. 이미 많은 조직에서 전환했지만 1년에 1~2회 성과를 측정하는 것으로 정확한 성과 평가를 기대하기는 어렵습니다. 최소 한 달에 한 번씩 구성원이 작성한 목표를 달성했는지 과정과 함께 확인 후 피드백과 더불어 성과 평가를 해야 합니다. 그럼으로써 구성원에게는 단순히 앉아 있는 시간에 비례해서 평가되는 것이 아니라는 인식을 줄 수 있고 직무몰입도도 높일 수 있습니다.

둘째, 근무시간 유연 관리가 필요합니다. 우아한형제들처럼 주 32시간을 시행한다고 하더라도 일주일 단위로 근무시간을 똑같이 채울 것이 아니라 한 주는 20시간, 나머지 주는 44시간을 활용할 수 있는 유연성이 있어야 합니다. '재택근무냐, 사무실 근무냐?'라는 이분법적 제도 구분이 아니라 구성원에게 선택권을 줌으로써 업무 몰입을 끌어낸 사례처럼 주 4일제 시행 역시 단순한 시간 기준 관리가 아니라 구성원에게 시간 구성 선택권을 줌으로써 더 몰입도 있는 제도로서 시행해야 할 것입니다.

셋째, 구성원 개발을 위한 제도와 시스템을 준비해야 합니다. 주 4일제가 되면 구성원은 여가시간 활용을 고민할 것입니다. 가족과 보내는 여가시간도 좋지만 결국 구성원은 자기계발과 성장을 위한 방안을 강구할 것입니다. 이런 동기가 회사의 생산성 향상으로 이어질 수 있도록 리더와 인사부서가 고민해야 합니다. 가령 코세라나 에드엑스 같은 무크 시스템과 배지 제도를 이용해서 더욱 적극적으로 구성원의 성장을 위한 로드맵과 동기부여를 줄 수 있습니다. 획득한 배지가 조직 내에서 구성원의 기술 향상 증거로 활용될 수 있다면 여가시간이 단순히 노는 것이 아니라 구성원의 업스킬링을 위한 시간이 될 수 있습니다. 이렇듯 '정해진 미래'로 다가올

주 4일제를 미리 준비한다면 우리에게 새로운 변화이자 기회로 작용할 수 있을 것입니다.

5. 인공지능 상사와 일하는 날이 온다

모든 조직은 존재 목적이 있습니다. 조직이 생겨나고 운영되면서 중심이 되는 믿음체계이자 철학을 목적 혹은 미션이라고 부릅니다. 삼성은 경영철학으로 '인재와 기술을 바탕으로 최고의 제품과 서비스를 창출하여 인류사회에 공헌하는 것'[10]을 삼고 현대자동차그룹은 '창의적 사고와 끝없는 도전을 통해 새로운 미래를 창조함으로써 인류사회의 꿈을 실현한다는 것'[11]을 삼고 사업을 영위하고 있습니다. 조직의 존재 목적과 철학은 창업주에게 큰 영향을 받습니다. 김성준과 김보영(2022)은 삼성 이병철 회장의 경영철학을 관련된 여러 자료 텍스트로 분석한 바 있는데[12] 삼성의 뿌리이자 존재 목적이 창업주에게서 큰 영향을 받기 때문입니다.

이처럼 창업주가 특정 믿음과 목적을 갖고 조직을 운영함으로써 조직은 발전하고 진화합니다. 이후 후계자는 조직의 철학 위에 본인의 방향을 세부적으로 설정하고 이루어내며 경영합니다. 그러므로 조직의 경영층은 장기, 중기, 단기 방향성을 설정하고 이루기 위해 동료와 협업하며 일을 해냅니다. 조직은 그 목표를 달성하기 위해 구조를 만들어서 효율적으로 사람을 관리합니다. 이에 따라 자연스럽게 세부 과제를 나누고 관리하기 위해 관리자 역할을 만듭니다. 크게 보면 조직은 관리자와 구성원으로 나뉜다고 볼 수 있습니다.

구성원의 거의 대부분은 자신을 관리하는 상사가 있습니다. 상사는 빼놓을 수 없는 직장인의 중요 관심사입니다. 2022년 8월 IT 전문 매체인 테크크런치는 애플 앱스토어에서 페이스북이 2022년 상반기 1일 기준 다운로드 순위에서 상위 10위 밖으로 밀려난 횟수가 총 59회라는 점을 밝히며 주요 이탈층은 20~30대이고 주요 원인은 '직장 상사와 페친(페이스북 내 친구)이 되기 싫어서'라는 기사를 낸 적이 있습니다.[13] 또 다른 흥미로운 기사로 2022년 8월 SBS는 시민단체 직장갑질119가 조사한 좋은 상사 조건에 대해 보도한 바 있습니다. 그중 상사에게 바라는 가장 중요한 점은 바로 자신을 '아랫사람이 아니라 역할이 다른 동료로 봐달라'였습니다.[14] 앞에서 함께 살펴본 대로 우리나라에서 대기업을 떠나는 직장인의 주요 원인 중 하나가 바로 '수직적 조직문화'였습니다. 수직적 조직문화는 상하 관계가 명확합니다. 일을 시키는 사람과 일하는 사람이 정확히 구분됩니다. 이렇듯 상사는 우리 삶과 직장에 큰 영향을 끼쳐왔습니다.

직장인은 상사에 대해 어떻게 생각하는가

◇◇◇◇◇

그렇다면 구체적으로 직장인이 상사에 대해 어떻게 생각하는지를 알아보기 위해 잡플래닛 데이터를 확인해봤습니다. 데이터 10만 건, 국내 300여 기업이 대상이었으며 '기업 장점' '기업 단점' '바라는 점'에 전현직 직장인이 '상사'라고 표현한 문장에서 어떤 단어가 함께 나오는지 살펴봤습니다. 우선 데이터 10만 건 전체에서 '상사'를 언급한 양이 3.5%(약 3,000건)였으며 2014년부터 2021년까지 언급 빈도수가 240건에서 1,200건으로 지속적으로 증가했습니다. 다음으로 '상사'와 함께 쓰인 단어가 무엇인지 살펴봤는데 '기업 단점'에서 상사에 대한 언급량이 많았고 그중에서도 '무능함' '실력 없는' '배울 게 없는' 등의 표현이 '상사'와 함께 쓰였습니다. 즉 직장인이 상사에 대해 갖는 인식 중 부정적 부분이 많이 있었고 그중에서도 '무능함'이라는 인식이 크다는 것입니다. 이는 조직과 관리자 모두에게 중요한 함의를 갖습니다.

필자는 전작 『데이터로 보는 인사이야기』에서 현재와 미래에 필요한 리더십으로 '공유 리더십'을 제안한 바 있습니다. 공유 리더십은 한 명의 리더에게 집중되는 리더십과 달리 팀원 전체가 의사결정 권한을 공유한다는 특징이 있습니다.[15] 특히 공유 리더십은 빠르게 변하는 경영 환경과 프로젝트 중심 조직에 유효합니다. 공유 리더십이 잘 발휘되기 위해 가장 중요한 요인으로 필자는 구성원의 전문성을 밝혀낸 바 있습니다. 우리가 조직에서 상사를 따르는 중요한 이유 중 하나는 바로 조직에서 부여한 고유의 역할이라는 인식이 있었기 때문입니다. 관료제를 고안한 막스 베버Max Weber는 힘의 원천을 카리스마(뛰어난 자질과 능력), 전통성(취득 또는 상속), 법률-합리성(조직에서 부여한 역할)으로 구분합니다.[16] 우리는 더 이상 조직에서 부여한 권한만으로 상사가 구성원을 관리하고 이끄는 것이 어려운 시대에 살고 있습니다.

이제 상사는 무능하다고 인식되며 함께 일하는 동료로 인식되고 있습니다. 그런 상사가 과거처럼 '자리'를 믿고 구성원을 관리하는 시대는 끝나가고 있습니다. 이런 흐름을 가속하는 것이 바로 인공지능 관리자의 등장입니다. 과연 직장인의 미래에 '인공지능 상사'는 어떤 모습으로 우리와 함께하게 될까요? 논의를 위해서는 상사의 역할을 매니지먼트와 리딩으로 구분할 필요가 있습니다. 매니지먼트는 상사가 구성원에게 목표를 할당하고 과정을 확인하며 때론 효율적인 방법을 일러주고 지속적으로 동기부여하는 역할을 의미하는 반면에 리딩은 조직의 미래 방향 설정과 구성원과의 소통하는 역할입니다.

인공지능이 사람을 대체할 수 있는지 판단하기 위해서는 1장에서 소개한 '자동화 장애물'을 보면 예측이 쉽습니다. 조직이 앞으로 나가야 할 방향을 결정할 때 다양한 자료에 대한 인지적 처리cognitive processing와 혜안insight을 필요로 하므로 창의적 지능에 가깝고 구성원과의 소통은 사회적 지능과 관련됩니다. 반면 조직과 최고 경영층의 의사결정 방향에 따라 일을 배분하고 진척 정도를 확인하며 동기부여를 하는 역할은 단순 인지 처리 능력으로 가능하므로 인공지능이 대체하기 수월한 영역입니다.

프레이와 오스본(2017)의 자동화 장애물

장애물	구분 상세
감지 및 조작	손가락 민첩성finger dexterity
	수작업 민첩성manual dexterity
	좁은 공간cramped work space, 불편한 자세awkward positions
창의적 지능	독창성originality
	예술fine arts
사회적 지능	사회적 지각social perceptiveness
	협상negotiation
	설득persuasion
	타인 도움assisting and caring others

이미 인공지능이 직장을 관리하기 시작했다

◇◇◇◇◇

우리에게 익숙한 인공지능 상사의 모습이 바로 배달서비스 추천 배차 서비스입니다. 우아한형제들의 서비스인 배달의민족의 인공지능 추천 배차는 배달원의 위치와 이동수단을 고려해 배달 주문을 배정합니다. 인공지능 추천 배차는 배달원에게 일거리를 주고 목적지까지 도달하기 위한 길을 내비게이션으로 알려주고 다음 배차를 미리 알려주기도 합니다. 우아한형제들은 인공지능 추천 배차를 이용하여 배달원 사고가 47% 감소했고 배달 시간도 감축된 것으로 밝힌 바 있습니다.[17] 마치 조직에서 상사가 구성원에게 해야 할 일을 알려주고, 효율적으로 수행하기 위한 방법을 가르쳐주고, 목표 달성을 위해 동기부여를 하는 우리 모습과 많이 닮아 있습니다.

인공지능 추천 배차 예시[19]

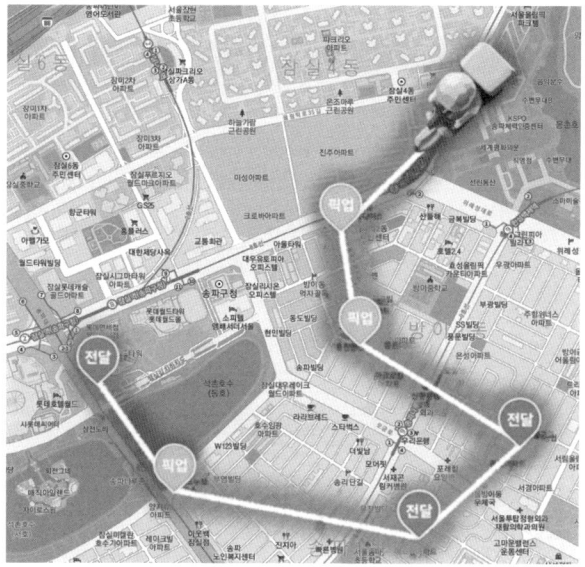

인공지능 추천 배차를 활용한 배달동선 구성사례

맥킨지[18]는 「기술의 변화: 자동화와 일자리의 미래」 보고서를 통해 우버는 인공지능 알고리즘이 운전자에게 업무를 할당하고 가격을 책정하며 성과를 평가하는 역할을 수행하고 있음을 밝혔습니다. 이미 인공지능이 관리하는 직장 모습은 우리나라뿐만 아니라 해외에서도 여러 사례를 볼 수 있으며 『파이브 포스』 저자 스티븐 호프먼Steven S. Hoffman은 두뇌 연결, 사이보그, 우주, 인공지능, 지능폭발이란 5가지 촉진되는 힘으로 여러 변화가 일어날 것이라고 하면서 인공지능 상사가 조직을 관리하는 미래 역시 가까운 시일에 등장할 것이라고 내다봤습니다.

더불어 구성원 역시 인공지능 상사 도입을 원하고 있기도 합니

2장 데이터와 사례로 보는 직장의 미래　115

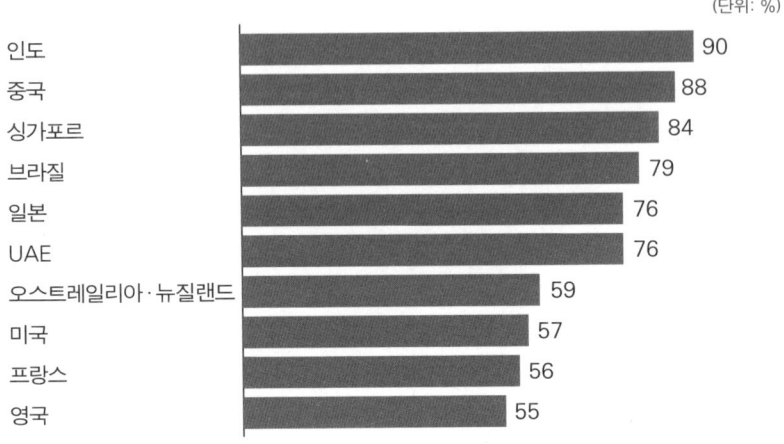

다. 2019년 오라클과 퓨처워크플레이스가 조사한 결과에 따르면 전 세계 10개국 노동자 약 8,300명 중 인공지능을 인간보다 더 신뢰하느냐는 질문에 64%가 그렇다고 답했고 64% 중 인도가 90%, 중국이 88%를 차지했습니다. 인공지능 상사를 기대하는 가장 중요한 이유가 바로 '유능함' 때문이었습니다.[20] 다른 연구에서 인공지능 상사는 외모나 학력으로 차별하지 않고 구성원의 역량에 따라 '객관적' 판단을 할 것이라고 생각해 인공지능 상사를 기대한다고 밝혔습니다.[21] 효율적 업무 처리뿐만 아니라 구성원에게도 각광 받고 있습니다. 인공지능 상사가 앞으로 많이 도입될까요?

이를 예측하기 위해서는 인공지능 상사 도입을 우려하는 연구 역시 살펴볼 필요가 있습니다. 첫째, 앞서 살펴본 배달의민족의 인공지능 추천 배차는 배달원에게 업무를 효율적으로 시키기 위해 '최적화' 알고리즘을 활용합니다. 최적화된 시간과 동선 내에서 목표를 달성하기 위해 배달원은 쉼 없이 운전하고 배달하는데 2021년 초 배달원 사망 사건은 인공지능 추천 배차 알고리즘의 윤리성에 물음을 남겼습니다. 2021년 초 EBS 비즈니스 리뷰의 〈알고리즘 상사와 일하는 법〉에서 구본권 기자는 알고리즘 특징으로 '효율만을 우선한다.'라고 밝혔습니다. 알고리즘은 구성원 개인마다 처한 상황과 몸 상태가 다른 것을 반영하지 못하고 효율성만 강조하는 것이 문제가 될 수 있다는 것입니다.

둘째, 인공지능의 사람에 대한 이해와 공감 문제입니다. 오라클과 퓨처워크플레이스 연구에서 설문 응답자는 인간 관리자를 더욱 선호하는 이유로 45% 이상이 '공감'을 뽑은 바 있습니다. 조직의 목표를 달성하기 위한 일은 결국 사람이 한다면 마음과 감정을 이해하고 다독일 수 있는 역량 역시 관리자에게 필요한데 아직 인공지능 관리자에게 한계가 있습니다. 안토니오 알로이시 교수와 발레리오 데 스테파노 교수(2022)는 미국 우버 운전자를 대상으로 알고리즘 기반 조직 운영에 대한 반응을 연구했습니다. 알고리즘 관리자는 상시로 구성원의 행동과 성과를 측정하고 평가할 수 있어서 스트레스를 받을 가능성이 크다는 점을 밝혔습니다.[22]

지금까지 인공지능 관리자의 효용과 개선점을 살펴봤습니다. 그러나 필자는 앞으로 더욱 빠른 속도로 조직 내 인공지능에 의한 관리가 증가할 것으로 내다봅니다.

첫째, 1장에서 밝힌 바와 같이 대퇴사·대전환 시대를 필두로 구성원의 퇴직 이슈가 중요한 고민거리입니다. 더불어 주 4일제를 필두로 한 구성원 업무시간 감소에 따른 제조업과 서비스업의 생산성에 대한 고민 역시 깊습니다. 결국 안정적으로 일자리와 생산성을 유지하기 위해서는 일부 기술에 의한 인간 일자리 대체는 필수적인 방향입니다. 그러나 주의해야 할 점은 단순히 인간 일자리를 모두 대체하는 것이 미래 방향은 아닐 것입니다. 단순 반복과 위험 업무를 시작으로 인간 일자리를 기술이 대체하기 시작할 것입니다.

둘째, 우리가 조직에서 수행하는 많은 일을 자동화와 머신러닝을 활용하는 부분이 증가하고 있습니다. 이는 자연스럽게 인공지능 알고리즘 결정에 따라 우리가 업무를 수행함을 의미합니다. 그러므로 인공지능 관리자는 자연스럽게 우리 업무에 깊숙이 들어오기 시작할 것이며 효율적이며 효과적으로 관리하기 위한 관리 체계를 더욱 정교하게 도입하면 되는 일입니다. 특히 챗GPT 등장으로 인해 미래 인공지능 관리자 도입은 산업에 따라 속도는 다르겠지만 더욱 빠르게 전개될 것입니다.

인공지능은 관리자 역할을 하게 될 것이다

◇◇◇◇◇

그렇다면 우리는 무슨 준비를 해야 할까요? 우선 현재 관리자에게 이 내용은 '일자리'를 뺏는 내용으로 들릴 수 있습니다. 관리자로서 수행하는 일을 인공지능이 대체할 것이라고 예상하고 있으니 말입니다. 그러나 오히려 이를 기회로 삼을 수 있습니다. 필자 역시 10년 넘는 직장생활과 짧은 관리자 경험을 했는데 단순 반복 관리 업무가 가장 곤욕스러웠습니다. 연초에 업무를 배분하고 이를 지속적으로 관리하고 동기부여하는 일은 정말 많은 시간을 할애해야 하는 일이었습니다. 관리자의 중요한 업무인 전략적 방향에 대한 고민과 구성원 육성에 정작 시간을 쏟지 못했던 것입니다.

효율적이고 효과적인 인공지능 알고리즘이 적극적으로 도입되면 현재 관리자가 맡은 단순 반복 관리 업무를 덜어내고 리더 역할에 집중할 수 있을 것입니다. 특히 최근 리더에게 요구되는 역량은 직원이 최고의 모습으로 최선을 다할 수 있고 최상의 결과를 달성할 수 있도록 심리적 안전감과 신뢰 문화를 구축하는 것입니다.[23] 그러므로 구성원이 가진 다양성을 포용하고 최선의 모습을 보일 수 있도록 풍토와 문화를 만들어야 합니다. 그런데 이는 인공지능에 기대하기 힘든 리더의 역할이자 역량입니다. 결국 미래에 새롭게 요구되는 역할에 맞춰 스스로를 바꾸려는 노력이 필수적입니다.

다음으로 구성원의 인식과 태도도 함께 바뀌어야 합니다. 인공지능 상사 역시 사람이 만든 알고리즘에 따라 의사결정을 내리고 업무를 배분합니다. 인공지능과 협업하는 것이 아니라 결국 사람과의 협업 형태가 바뀐다고 생각해야 합니다. 물론 의사결정을 내리는 과정이 사람과는 다르지만 활용되는 재료와 결정 근거는 사람의 개입이 필연적입니다. 그러므로 지속적으로 인공지능 관리자와 소통할 수 있는 채널을 만들고 피드백을 줘서 구성원의 상태(신체 컨디션, 애로사항 등)를 이해시키고 알고리즘을 개선할 수 있도록 해야 합니다.

인공지능 관리자 역시 함께 일하는 동료입니다. 조직의 목표를 효율적이고 효과적으로 달성하기 위한 매개체이지 우리가 무조건으로 따라야 하는 대상이 아닙니다. 그러나 동료로서 함께 역할하기 위해서는 동료가 일하는 방식과 생각하는 방향을 알고 있어야 합니다. 코딩과 알고리즘에 대한 이해를 말하는 게 아니라 인공지능이 작동하는 원리에 대한 기본적인 이해와 의사결정 원칙을 조직, 리더, 인사부서에 공개하도록 요구하고 결정 과정을 알고 있어야 합니다. 그래야 진정한 협업이 가능하고 최선을 다해 공동의 목표를 달성할 수 있을 것입니다.

인공지능이 관리할 조직의 미래 모습을 지금까지 그려봤습니다. 여러 사례를 통해 가깝게 와 있음을 알게 되었고 리더와 구성원이 무엇을 해야 할지도 함께 논의했습니다. 모든 변화가 그렇듯 저항과 두려움이 공존합니다. 그러나 피할 수 없는 물결이자 방향이라면 미리 대비하고 준비하는 것이 현명합니다. 인공지능의 원리를 이해하고 함께 협업할 수 있는 대상으로 인식하는 것이 변화의 출발점일 것입니다.

6.

디지털 전환
성공의 요인은 무엇인가

코로나19를 겪으면서 디지털 전환에 대한 관심이 급격하게 증가했습니다. 이제는 더욱 빠른 속도로 우리 일상이 디지털 중심으로 바뀌고 있습니다. 여러 선행 연구에서 밝히고 있듯이 디지털 전환은 기술의 문제가 아닙니다.[24] 디지털 전환은 표현에서도 볼 수 있듯이 '디지털digital+전환transformation'으로 결국 디지털 기술을 활용해서 '무엇'인가를 '바꾼다'는 데 방점이 있습니다. 비즈니스 모델, 일하는 방식 등 조직을 구성하는 다양한 부분을 디지털 기술을 활용해서 바꾼다는 게 진정한 의미의 디지털 전환입니다.[25] 그러므로 결국 '전환transformation'이 디지털 전환의 핵심이라고 할 수 있습니다.

변화에는 그에 맞서는 반작용이 생긴다

◇◇◇◇◇

변화는 여러 정의가 있을 수 있지만 결국 현재와는 다른 상태로 바뀌는 행동, 과정, 결과 등을 총칭합니다.[26] 더불어 변화는 항상 저항을 수반합니다. 자연현상을 보면 아주 작은 컵을 밀어서 옮긴다고 하더라도 마찰이 생기는데 일종의 저항입니다. 개인과 조직이 변화하려 할 때 거의 대부분 반작용(구성원 반발 등)이 생깁니다. 그 반작용을 극복하거나 관리하는 게 변화에 성공하는 핵심 요소입니다.[27] 디지털 전환은 우리가 일하는 방법부터 돈을 버는 비즈니스 모델까지 전방위적 변화를 뜻하므로 그 변화가 얼마나 어렵고 저항이 클지 상상하기 어렵습니다.

그렇다면 성공적인 변화를 위해서 무엇이 필요할까요? 조직의 변화에 관한 여러 선행 연구에서 공통으로 최고경영층의 전폭적인 지원과 관심을 중요 요소로 뽑습니다.[28] 조직 전반에 걸쳐서 변화하는데 최고경영층이 몰입하지 못하고 실행하지 않는다면 그 변화의 결과는 뻔합니다. 디지털 전환도 마찬가지입니다. 그러므로 변화를 추진하는 주체는 최고경영층의 전폭적 지지를 받아야 합니다.

D기업은 그룹 차원에서 디지털 전환 본부를 만들고 전략, 인사, IT 부문 최고경영자가 모여 함께 의사결정을 할 만큼 높은 관심을 가지고 있습니다. 특히 D그룹의 디지털 전환 본부는 그룹 내 계열사들의 디지털 전환 준비도를 측정하고 매년 개선도를 측정합니다. 필자는 디지털 전환에서 가장 중요한 선행 요인을 최고경영층의 관심과 참여로 보고 설문을 통해 그 정도를 측정하고자 했습니

디지털 전환 준비도 설문 예시[29]

Digital Transformation Readiness Assessment

Please rate your organization from 0-5 for each question, where 0 is no capability/maturity and 5 is very high capability/maturity.

Technology & Automation

Does your organization have an innovative approach to the assessment and application of new technology?

[0] [1] [2] [3] [4] [5]

Are opportunities to automate business processes identified, assessed and implemented where appropriate?

[0] [1] [2] [3] [4] [5]

다. 그리고 관계사별로 산출된 디지털 전환 준비도와의 관련성을 살펴보고자 했습니다. 디지털 전환 준비도는 전략 실행의 디지털화digitalization, 일하는 방식의 디지털 활용도, 고객과의 소통, 직원들의 디지털 문해력digital literacy 등 다양한 요인으로 구성되어 있으며 평균 10명 이상의 구성원들을 측정한 결과입니다.

최고경영층이 디지털 전환에 앞장서야 한다

분석 결과 최고경영층이 디지털 전환의 필요성을 높게 느끼는 것보다 참여도가 높을수록 조직의 디지털 전환이 잘 준비되어 있는 것을 확인할 수 있었습니다. 즉 디지털 전환에 관심이 높은 것보다는 참여도가 높을수록 실제적인 변화 활동에 유의미한 영향을 미치고 있었다는 것입니다. 경영학자 햄브릭과 메이슨Hambrick & Mason은 1984년 논문 「최고경영층Upper Echelons」에서 조직에서 관찰되는 현상과 결과물은 최고경영층의 특성과 배경으로 예측될 수 있다고 주장하며 '최고경영층 이론Upper Echelons Theory'이라고 불렀습니다.[30] 이처럼 조직적 결과물은 최고경영자가 가진 신념, 가치, 배경에 큰 영향을 받습니다. 그러므로 디지털 전환과 같은 조직 변화 역시 최고경영층이 그 변화를 어떻게 인식하고 이끌어나갈지에 따라 성공 여부가 결정된다고 할 수 있습니다.

공격적으로 투자해서 인공지능, 빅데이터, 클라우드 기술을 조직에 도입하는 것보다 디지털 전환의 방향, 변화와 관련한 소통, 그리고 최고경영층의 참여가 성공적인 디지털 전환에 중요함을 입증한 데이터 분석 결과를 살펴보았습니다. 그러므로 최고경영층이 디지털 전환에 관심을 가지고 실제로 변화 활동에 하나라도 함께 참여할 수 있도록 조직과 인사부서가 노력해야 할 것입니다. 특히 데이터 기반 의사결정을 경영층에서 실행할 수 있도록 인사부서의 디지털 전환 준비도를 높이는 노력을 해야 할 것입니다.

3장

데이터와 사례로 보는 요즘 인사

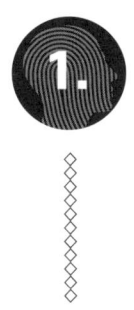

조직을 강제로
변화시킬 수 없다

전략 대 조직문화라는 오래된 싸움이 있습니다. 현대 전략의 아버지라 불리는 마이클 포터Michael E. Porter 교수는 전략의 중요성을 이야기하면서 '어디서 싸울 것인가where to compete?'를 강조합니다. 전쟁터로 비유한다면 어느 고지에서 싸우는지가 매우 중요하다는 의미와도 같습니다. 반면 자원기반 이론Resource based view으로 유명한 제이 바니Jay Barney 교수는 '어떻게 싸울 것인가how to compete?'를 강조하며 조직문화의 중요성을 강조합니다. 바니 교수는 어디서 싸울 것인가도 중요하지만 한 산업군 내에서 차이를 구별해내는 것은 결국 조직 내 자원이며 그중에서도 조직문화가 유의미한 차이를 만들어낸다고 설파했습니다.[1]

그렇다면 왜 조직문화가 중요할까요? 여러 가지 이유가 있겠지만 구성원의 행동을 규정하는 데 개인 특성 못지않게 조직문화가 환경으로서 큰 영향을 끼치기 때문입니다.[2] 실질적으로 한 조직에서 성과를 설명할 때 개인 특성은 30% 정도를 차지하고 나머지 70%는 사회적 네트워크와 조직 자원이 차지합니다.[3] 조직에서 동료들이 일하는 것을 보면 공동의 목표를 이루기 위해서 팀 혹은 부문 단위로 일을 하고 조직의 시스템 등을 이용합니다. 그러므로 조직문화는 일을 수행하는 데 매우 중요한 역할을 합니다.

어떻게 자발적 변화행동을 만들어낼 것인가

◇◇◇◇◇

한 발자국 더 들어가서 우리는 구성원이 어떤 행동을 하도록 만드는 조직문화를 구축해야 할까요? 다시 말해서 조직과 리더는 구성원의 어떠한 행동을 기대하고 자극해야 할까요? 이는 회사의 전략 방향과 목표와 연계될 것입니다.[4] 정확한 프로세스가 정립되고 이를 준수하며 일을 해야 하는 조직은 수직적 구조하에서 명확한 명령 체계와 그에 대한 이행이 더욱 효과적인 조직문화일 것입니다. 반면 다양한 구성원 간 협업과 시너지가 중요한 산업이라면 구성원 간 소통이 자유롭고 장벽이 없는 조직 풍토를 구축하는 게 중요할 것입니다. 하지만 이러한 조직의 전략과 방향성과 관계없이 공통으로 구성원들이 보였으면 하는 행동 중 하나로 '자발적 변화행동Change-oriented Organizational Citizenship Behavior'이 중요합니다. 이는 조직이나 동료가 지시하지 않아도 먼저 나서서 조직과 동료에게 도움이 될 수 있는 변화행동을 하는 것을 의미합니다.[5]

그렇다면 자발적 변화행동을 만드는 조직문화는 어떤 특성이 있을까요? 여러 문헌 연구를 리뷰하고 인사 전문가와 함께 토론하면서 다음과 같은 자발적 변화행동을 끌어내는 5가지 개인 특성을 뽑아낼 수 있었습니다.

1. 호기심과 지속성으로 대변되는 그릿 Grit[6]
2. 사람은 변화하고 개발된다는 신념인 성장형 마인드셋 growth mindset[7]
3. 구성원 간 지원과 협업하려는 지원 행동 supportive behavior[8]
4. 어려운 상황임에도 다시 튀어올라서 더욱 높은 성과를 내려는 회복탄력성 resilience[9]
5. 조직과 개인을 동일시하는 조직 동일시 organizational identification[10]

이러한 5가지 특성을 가진 개인들이 모인 조직은 자발적 변화행동을 더욱 촉진하는 조직문화를 보일 것이라는 가정을 하게 됩니다. 이를 확인하기 위해 D사 임직원 1,500명을 샘플링했고 900명가량의 설문 응답을 받았습니다. 그리고 자발적 변화행동에 영향을 받는 요인으로 설정하여 다중회귀분석을 했습니다. 다중회귀분석은 특정 대상(종속변수)에 영향을 줄 것으로 기대되는 요인(독립변수)을 2개 이상 활용해서 관계 간 관련성을 추정하는 분석 방법입니다.[11] 물론 동일 시점, 동일 대상으로 변인 간 관계를 분석하는 것은 동일방법편의 common method bias 문제가 있을 수 있습니다. 동일방법편의는 두 변수 간 상관관계가 실제보다 더 크게 추정되어 발생하는 편의 bias를 뜻합니다.[12] 우리가 분석하고자 하는 것은 어떤 독립변수가 종속변수에 더욱 큰 영향을 미치는지인데 변수 간 관련성에 신뢰 이슈가 생기는 것입니다. 여러 요인 간 관련성을 분석하기 위해서 데이터를 수집하는데, 한 시점에 한 사람에게 한정해서 데이터를 모은 방법으로는 인과관계를 정확하게 추론할 수 없습니다.[13] 그러므로 우리가 동일방법편의에 대응하기 위해 할 수 있는 일은 동일방법편의 이슈로 인한 상관관계 편의가 크게 우려하지 않을 수준임을 밝히는 것입니다. 이론과 기준 연구 결과를 풍부하고도 구체적으로 인용해서 관련성을 강하게 만들어야 합니다.[14]

간단하게 할 수 있는 하르만 단일 요인 Harman single factor 분석을 실행했습니다.[15] 이 분석은 활용된 변수 중 하나라도 너무 높은 수준의 분산을 보이는지를 살펴보는 것으로 동일방법편의가 문제되는지를 확인하는 방법입니다. 분석 결과에 따르면 동일방법편의 이슈가 통계적으로 크지 않음을 알 수 있었습니다. 다중회귀분석 결과로 돌아와서 자발적 변화행동을 촉진하는 가장 큰 영향 요인은 무엇이었을까요? 흥미롭게도 가장 큰 설명력은 조직 동일시였고 다음은 성장형 마인드셋이 차지했습니다.

조직과 개인을 동일시할수록 자발적으로 변화행동을 수행하려는 것은 직관적으로도 이해하기 쉽습니다. 개인이 조직 문제를 자신의 문제로 인식하고 지속적으로 발전하고 개선하려고 행동하기 때문입니다. 다만 성장형 마인드셋은 그 관련성을 설명하기 위해 한 번 더 고민해야 했습니다. 즉 개인과 조직의 개선과 변화가 가능하다고 믿는 (성장형 마인드셋을 가진) 개인은 끊임없이 개선을 위해서 새로운 노력을 할 것이기 때문에 자발적 변화행동과 관련성

성장형 마인드셋과 고정형 마인드셋[16]

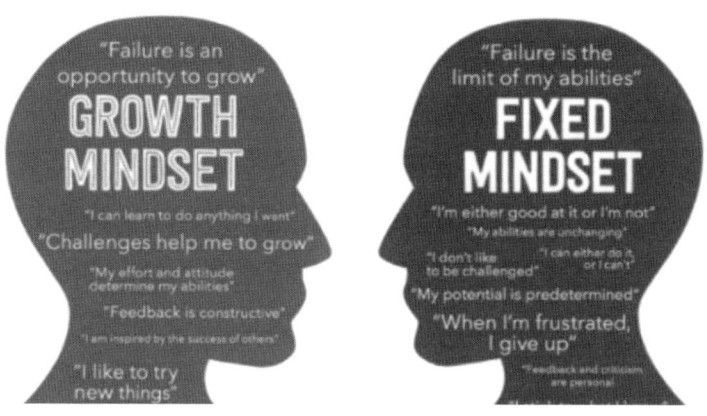

이 높으리라 추론할 수 있습니다.

그렇다면 우리는 자발적 변화행동을 많이 하는 개인이 넘쳐나는 조직을 만들기 위해서 무엇을 해야 할까요? 당연한 소리일 수 있지만, 먼저 리더들이 지속적으로 개인과 조직이 변화 가능하다는 신념을 갖고 구성원과 조직의 변화행동을 실행하는 것이 중요합니다. 성장형 마인드셋은 개인이 선천적으로 가지고 태어났다기보다는 주변 환경에 의해 학습될 가능성이 큽니다. 그러므로 우선 리더들이 개선하고 변화하려는 행동을 보여주는 노력이 매우 중요합니다.

구성원들의 긍정적 경험을 끊임없이 개선해야 한다
◇◇◇◇◇

김성준 교수가 저서 『최고의 조직』에서 주장한 대로 조직문화는 학습되고 그 문화는 개인의 합으로 구성됩니다. 더불어 구성원들이 조직과 동일시할 수 있는 제도 역시 중요합니다. 과거에는 로열티라는 단어로 이러한 현상을 설명했습니다. 하지만 로열티는 인관관계가 명확하지 않은 맹목적 추종인 반면에 조직 동일시는 조직과 구성원 간 계약과 교환관계를 가정합니다. 그러므로 조직은 구성원들이 맹목적으로 조직과 동일시하는 것을 바랄 것이 아니라 교환관계로 인식하고 지속적으로 그들을 위한 개입 활동과 급여·복지를 개선해야 할 것입니다.

조직과 리더와 인사부서는 끊임없이 구성원들의 긍정적 경험을 개선해야 하는 존재입니다. 이는 그들의 웰빙을 위해서도 중요하지만 지속성장이 가능한 조직을 만들기 위해서도 중요합니다. "자발적 변화행동을 수행하는 구성원과 조직문화를 만들기 위해서 나는 그리고 우리는 무엇을 할 수 있을까요?"라는 질문을 던지며 이번 글을 마무리합니다.

조직이 기민해야
살아 남는다

　미국의 프로젝트 관리 전문 비영리 단체 프로젝트관리협회PMI, Project Management Institute에 따르면 전 세계 기업 중 애자일Agile 기법을 전혀 사용하지 않는 기업은 12%에 불과하다고 합니다.[17] 리드 헤이스팅스Reed Hastigs와 에린 마이어Erin Meyer가 함께 쓴 책 『규칙 없음』에서 넷플릭스 역시 분기별 계획을 구체적으로 수립하고 실행하며 고객 피드백에 맞게끔 '기민'하게 바꾸는 데 집중한다고 밝힌 바 있습니다. 불확실성이 높고 빠르게 변화하는 시대에 기민성은 조직과 개인에게 매우 중요한 역량 중 하나입니다.

왜 기민성 추구가 조직성과를 높이는 데 효과적인가

　그렇다면 전 세계적으로 조직을 운영하는 입장에서 해외 법인은 기민성을 추구하는 것이 과연 조직성과를 높이는 데 효과적일까요? 이 질문이 중요한 이유는 다양한 국가에서 조직을 운영하는 다국적 기업의 가장 중요한 전제는 바로 본사와 해외 법인의 관계 설정이기 때문입니다. 다시 말해서 본사가 해외 법인에 높은 수준의 자율성을 줄 것인가? 아니면 대부분 의사결정을 본사가 내리고 해외 법인은 운영에 초점을 맞출 것인가? 등의 결정에 따라서 해외 법인의 전략과 운영이 좌우됩니다. 코로나19 이후 글로벌 가치사슬이 급속도로 재편되고 있습니다. 중요한 변화 중 하나가 가치사슬의 많은 부분을 본사가 있는 자국으로 다시 들여와서 관리 위험도를 줄이는 것입니다. 코로나19로 인해 전 세계적인 이동성이 현저하게 떨어짐에 따라서 인적·물적 자원이 본국 중심으로 돌아섰기 때문입니다.

더불어 과거와 같이 본사에서 사람을 보내 해외 법인을 관리하는 행위 자체가 많이 제한되기 시작했고 자연스럽게 해외 법인의 의사결정 권한과 비중도 높아졌습니다. 그렇다면 높아지는 자율성과 해외 법인의 기민성은 어떤 관계를 가질까요? 해외 법인은 높은 자율성으로 기민하게 움직일 수 있을 것 같으며 특히 코로나19 이후 이러한 기민성은 조직성과에 긍정적인 영향을 줄 것으로 추론할 수 있습니다. 다만 주의해야 할 것이 기민성이 상황에 따라서 '호떡 뒤집듯이' 의사결정을 바꾸는 것은 아닙니다. 기민성은 내외부의 환경 변화에 맞춰 조직의 변화를 만들어내는 능력을 의미합니다.[18] 그러므로 내외부 변화를 감지하고 sensing, 변화 방향성을 제시하고 directing, 변화를 실행하는 implementing 제반을 의미합니다. 그러므로 기민성은 일반적으로 생각하는 '빠른' 실행만 강조하는

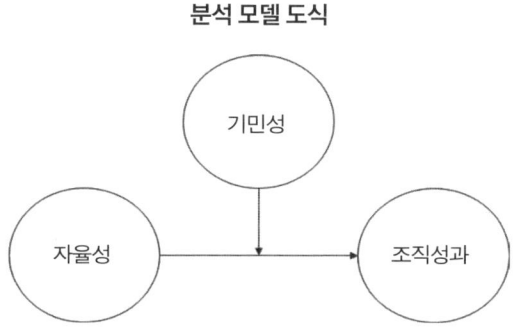

분석 모델 도식

것이 아닙니다.

  필자는 연구의 일환으로 조직 수준의 자율성과 기민성의 관계는 어떠한지, 그리고 기민성이 자율성과 성과의 관계를 강화하는지에 대해서 문헌 연구와 데이터 분석을 실행했습니다. 한국계 다국적 기업 90여 개를 대상으로 현지인 매니저와 본사 매니저로 구분하여 자율성, 기민성, 조직성을 측정하였습니다. 데이터 분석은 부분최소자승법 구조방정모델링Partial Least Squares Structural Equation Model[*]을 통해서 변수 간 경로의 유의성을 확인했으며[19] 자율성과 기민성 그리고 기민성과 성과의 관계는 통계적으로 긍정적 영향을 갖고 있었습니다. 즉 자율성이 높은 해외 법인은 기민성도 높을 것으로 추론하였으며 동시에 기민성은 성과에도 긍정적 영향을 줄 것으로 기대할 수 있었습니다. 다음으로는 기민성이 자율성과 성과의 관계를 강화하는지 살펴봤을 때 유의미한 (조절) 역할을 하는 것으로 밝혀졌습니다. 즉 기민성은 해외 법인이 자율성을 갖고 성

---

* 샘플 숫자가 적거나 정규성이 확보되지 않은 상황에서 주로 활용되는 방법

과를 낼 때 하나의 기폭제로 기능할 수 있다는 것입니다.

기민성은 '빠른'이 아니라 감지-제시-실행 프로세스다
◇◇◇◇◇

국내외 여러 연구에서 기민성의 중요성을 강조하고 있습니다. 그러나 글로벌 인재관리 관점에서 해외 법인의 자율성, 기민성, 조직성과에 관해서는 아직 많이 연구되지 않았습니다. 최근 들어 한국계 다국적 기업들이 해외 법인에 대한 자율성을 높이는 시도를 하고 있고 현지 환경에 맞게끔 빠르게 움직이는 기민성을 강조하고 있습니다. 이러한 상황 맥락에서 본 분석은 미래 한국계 다국적 기업의 해외 법인이 갖게 될 높은 자율성이 조직성과와 긍정적 관계가 있음을 데이터로 증명했다는 데 의미가 있습니다. 더불어 우리가 좋아하는 기민성이 단순히 '빠름'을 의미하는 것이 아니라 감지하고 제시하고 실행하는 프로세스임을 강조함으로써 실무자가 기민성을 더 적확하게 이해하는 데 도움이 됩니다. 국내뿐만 아니라 해외 법인에도 조직관리 측면에서 큰 변화가 다가오고 있습니다. 현지인 중심으로 운영할 수 있도록 더욱 높은 자율성을 부여하는 방향은 거스를 수 없는 미래 해외 법인의 모습일 것입니다.

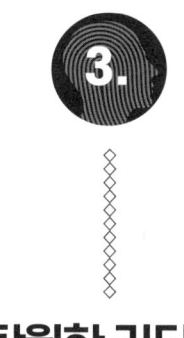

탁월한 리더의 특성을 파악하자

우리는 탁월한 리더를 늘 동경해왔습니다. 역사에서는 세종대왕과 이순신 장군이 국가적인 업적을 남겼고 조직에서는 이병철, 정주영, 최종현, 구인회가 한국 기업을 세계적인 반열로 올려놓았습니다. 이처럼 탁월한 리더는 국가뿐만 아니라 개별 기업에도 큰 영향을 미치므로 사회의 모든 구성원에게 오랫동안 높은 관심을 받아왔습니다. 이번 글에서는 탁월한 리더를 데이터로 찾아보고 그들의 특징에 대해서 함께 알아보는 시간을 갖고자 합니다.

인사 데이터에는 어떤 종류가 있는가

조직 구성원과 관련해서 활용 가능한 데이터인 인사 데이터는 얼마나 될까요? 인사 분야의 데이터 기반 의사결정에 관한 관심은 매우 높은 반면에 조직 내 준비도readiness는 비교적 낮다고 볼 수 있습니다.

인사 분야의 데이터 기반 의사결정을 위한 데이터 구분
- 행정 데이터: 성별, 나이, 학력, 고과, 보상, 급여, 근태 등
- 서베이 데이터: 조직문화 및 리더십 진단, 실시간 사내 설문조사 등
- 행동 데이터: 이메일, 전화, 캘린더, 메신저 텍스트 등

인사 분야의 데이터 기반 의사결정 도입을 위한 절차와 방법이 여럿 존재하므로 그중에서 먼저 활용 가능한 데이터가 무엇이 있는지 파악해보는 것도 좋은 시작입니다. 인사 데이터는 인사부서의 프로세스를 중심으로 행정 데이터와 행동 데이터 등으로 구분해서 관리와 축적이 가능합니다. 인사부서의 프로세스는 일반적으로 '채용 → 배치·전보 → 직무·성과관리 → 경력개발·교육 → 보상·복리후생 → 퇴직'으로 진행됩니다. 이를 중심으로 인사 데이터의 종류를 살펴보면 다음과 같습니다.

행정 데이터
- 채용: 인적 정보, 학력 정보, 사외 경력, 자기소개서, 전형 결과 등
- 배치·전보: 조직, 직책·직위, 근무지 등
- 직무·성과관리: 직무 경험, 평가, 포상, 다면 진단 등
- 경력개발·교육: 교육 이력, 핵심인재 유무, 주재원 여부 등
- 보상·복리후생: 급여, 근태, 징계, 휴직·복직, 복리후생 등

- 퇴직: 퇴직 사유, 향후 진로 등

　이러한 '행정 데이터'는 구성원을 관리하면서 필연적으로 발생하는 데이터이며 추가로 채용 만족도, 배치 면담, 레퍼런스, 배치 인터뷰 등을 통해서 영역별 데이터가 생성됩니다. 대표적인 '행동 데이터'는 이메일, 메신저, 사내 시스템 사용 이력 등이 활용 가능합니다.

　이러한 데이터는 인사 분야의 데이터 기반 의사결정에서 발생하는 문제를 정의하고 해결하기 위한 재료에 해당합니다. 데이터와 분석을 활용해서 해결하고자 하는 문제는 채용부터 퇴직까지 아주 다양합니다. 조직 내 영향력을 고려하면 리더에 대한 데이터 분석과 이후 개입 활동에 관한 관심이 가장 높다고 할 수 있습니다.

　'성공하는 리더와 핵심인재의 차별적 특성은 무엇인가?'

　주요 질문 중 하나입니다. 대표적으로 『아웃퍼포머』의 모튼 한센 Morten Hansen이 5년간 5,000명 이상의 데이터를 분석해서 7가지 원칙을 발견한 바 있습니다. '일을 줄이고 집요하게 매달리기' '업무를 가치 중심으로 재배치하기' '요령 있는 순환학습을 통해 역량 개발하기' 등을 강조했으며 그중에서도 탁월한 결과를 내기 위해서는 초점을 맞추기로 한 분야에 집요하게 매달리는 혹독한 과정이 필요하다고 이야기합니다. 이처럼 데이터로 보는 탁월한 리더의 특성(예를 들어 성격, 가치, 행동양식 등)은 많은 사람의 관심을 받아왔습니다.

　국내에서도 김성준 교수의 저서 『탁월한 리더는 무엇이 다른가』

에 우수한 리더의 특성에 관한 연구가 소개된 바 있습니다. 이번 글에서는 B사의 핵심인재 데이터를 중심으로 차별적으로 보이는 특성을 하나 소개하고자 합니다. B사는 국내 기업 중 가장 빠른 산업 전환을 겪는 곳인데 최근 들어 데이터 중심 인사에 많은 공을 들이고 있습니다. B사는 핵심인재를 선발하는 데 앞서 언급한 행정 데이터인 인적사항을 포함한 다양한 데이터를 활용하기도 하고 행동 데이터의 하나인 성과, 리더십 진단, 조직 진단, 성격·가치관 진단, 레퍼런스, 평가센터 등 다양한 방법을 활용하고 있습니다. 그중 리더십 진단은 회사에서 요구하는 역량 모델을 기반으로 리더십 수준을 상사, 본인, 동료 등의 다양한 시각에서 살펴볼 수 있고 차이를 통해 리더십 개발의 여지를 줄 수 있다는 점에서 널리 쓰입니다.

B사는 리더십 진단 결과를 바탕으로 고성과자, 중성과자, 저성과자 집단을 구분하여 차이 나는 특성이 무엇인지 분석했는데 그중 하나가 바로 학습 민첩성이었습니다. 학습 민첩성은 다양한 경험을 탐색하고 배운 내용을 새로운 변화에 적용하는 개인 특성 중 하나입니다. 세부적인 행동 지침은 3가지입니다. 첫째, 자신의 관점을 변화시키거나 새로운 것을 배울 수 있는 경험을 추구합니다. 둘째, 자신에 대한 피드백을 살피고 행동을 변화시킵니다. 셋째, 조직·업무 측면에서 새로운 내용을 지속적으로 적용합니다. 학습 민첩성은 이미 글로벌 컨설팅사에서도 핵심인재의 잠재력 요소로 정의하고 선발 시에 널리 활용한 바 있습니다. 대표적으로 이곤젠더, CCL, 머서, 콘페리 등이 있습니다. 그들은 학습 민첩성을 리더

글로벌 컨설팅사가 제안하는 리더십 역량 개요

회사	측정 영역	구분
이곤젠더	호기심, 결단력, 몰입 등	태도 및 잠재력
	전략적 사고, 시장 지향성 등의 8가지 역량	행동
	성격	개인 특성
CCL	학습 능력, 성장 의지	태도 및 잠재력
	전략기획, 합리적 의사결정, 변화선도 등의 12가지 역량	행동
	성격(밝은, 어두운)	개인 특성
머서	정신적 기민성, 학습 민첩성, 문화적 민감성	태도
	전략 구축, 네트워크, 협업력 등	행동 기반 역량 및 스타일
콘페리	학습 열정, 넓은 관점, 타인 이해, 정서적 성숙	태도 및 잠재력
	팀 리더십, 성과 지향, 정보 추구 등의 11가지 역량	행동
	가치관 및 감성 지능	개인 특성

선발과 육성에서 중요한 요인으로 보고 자가·타인 진단을 통해서 지속적으로 데이터를 확보하고 관리하고 있습니다.

고성과를 내는 핵심인재는 '학습 민첩성'이 뛰어나다

◇◇◇◇◇

B사의 데이터 분석 결과로 돌아오면 고성과자와 저성과자의 '학습 민첩성'은 핵심인재의 특성으로 많이 언급되는 사업 통찰, 시스템적 사고, 비전 수립과 공유 등과 비교해 통계적으로 유의할 정도로 차이를 보였습니다. 직급별로 구분해보면 임원군에서 고·중·저성과자 간 차이가 유의했고 팀장급에서는 고·저성과자 간 통계적으로 유의한 차이를 보였습니다. 더불어 참고할 수 있는 부분이 바

로 그들의 성격적인 특성이었는데요. 대표적인 성격 요인으로 볼 수 있는 5요인Big Five Factors에서 개방성openness to experience은 새로운 경험 등에 얼마큼 열려 있는가를 의미합니다. 고성과자들은 비교 집단보다 높은 수준의 개방적 성격을 갖고 있었습니다. 그러므로 B사의 고성과자들과 핵심인재들은 공통적 특징으로 학습 민첩성을 갖고 있다고 할 수 있습니다.

그렇다면 조직, 리더, 그리고 인사부서는 이러한 결과를 어떻게 활용할 수 있을까요? 우선 채용 관점에서는 핵심인재를 선발하고 신규 인재를 영입할 때 학습 민첩성을 중요한 요소로 삼을 수 있을 것입니다. 역량competency의 정의가 고성과자가 지속적으로 보이는 특성이라고 한다면 '학습 민첩성'은 B사의 핵심인재 역량으로 볼 수 있기 때문입니다. 더불어 학습 과정에서 학습자들이 학습 민첩성을 높일 수 있도록 지원해야 합니다. 학습 민첩성은 자기 인식, 성장 지향성, 유연한 사고, 성찰 추구, 행동 변화라는 하위 요소를 갖고 있습니다.[20] 그중 자기 인식, 유연한 사고, 성찰 추구 등은 개발 가능하므로 계속해서 구성원을 동기부여하고 자극하고 코칭해줘야 합니다. 가령 마이크로소프트 소속의 리더는 구성원에게 '프로젝트를 진행하면서 동료인 OOO 님에게 가장 많이 배운 점은 무엇입니까?'와 'OOO 님의 발전을 위해 주고 싶은 조언은 무엇입니까?'와 같은 질문을 던지고 결과를 바탕으로 스스로 개발할 기회를 만들어줍니다.

최고의 자녀 교육은 공부하는 부모님의 뒷모습이라는 말처럼 고성과 리더와 핵심인재가 지속적으로 새로운 경험에 개방적이고 호기심을 갖고 시도하고 변화하려 노력한다면 함께 일하는 동료들이 자연스럽게 그러한 행동을 모방하고 배우려 할 것입니다. 이것이 바로 조직 차원에서 학습 민첩성을 높이는 일이고 조직 효과성도 향상시킬 수 있는 방법입니다. 그러므로 조직과 인사부서는 데이터 분석만을 위해서 핵심인재에 대한 특성을 뽑는 것이 아니라 채용, 선발, 조직문화 등에 영향을 미치는 일이라 생각하고 더 신중히 규명하고 밝힐 필요가 있습니다.

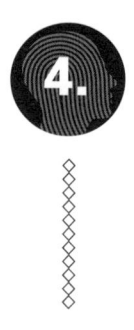

탁월한 리더의 역량을
분석하자

인사 분야의 데이터 기반 의사결정에서도 최근 텍스트를 분석하는 방법과 사례에 대한 관심이 높습니다. 조직과 인사에는 축적된 텍스트가 상당히 많이 있습니다. 한 연구에 따르면 세상에 존재하는 데이터의 80% 이상이 비정형 데이터로 추산됩니다.[21] 인사부서는 조직 진단과 리더십 진단을 통한 분석 시도를 자주 해왔습니다. 또한 최근 김성준 외(2021) 연구[22] 등에서는 잡플래닛 데이터 등을 통해서 '꼰대'를 중심으로 한 조직문화를 분석한 바 있습니다.

텍스트 분석을 통해 구성원이 무엇을 말하는지 파악한다

이처럼 텍스트를 통한 분석은 정량적 분석으로 보기 어려운 조직의 모습 그대로를 비출 수 있다는 장점이 있습니다. 더불어 대규모 비정형 데이터에서 구성원이 무엇을 말하는지 파악하는 데 유용하

므로 최근 조직과 조직행동 연구에서 주로 활용되고 있습니다.[23]

텍스트 마이닝text mining은 자연어로 구성된 비정형 텍스트 데이터에서 패턴 또는 관계를 추출하여 가치와 의미 있는 정보를 찾아내는 마이닝 기법인데 사람들이 말하는 언어를 이해할 수 있는 자연어 처리 기술을 기반으로 합니다. 대표적으로 자연어 처리 기술에는 형태소(단어) 분석, 문자열 분석, 핵심어구 추출, 동시출현 단어, 토픽 모델링, 감성 분석, 의미연결망 분석, 머신러닝 등이 있습니다. 우선 형태소 분석은 의미를 가진 최소 단위인 형태소나 단어를 분석하는 가장 일반적인 방법으로 문법 규칙과 확률에 의한 품사 태깅tagging 등을 활용합니다.

문자열 분석은 영어의 음운이나 한국어의 글자 수n-gram를 지정하여 전체 텍스트 말뭉치corpus를 분석함으로써 해당 문자열이 나왔을 때 그다음에 어떤 단어가 나올지를 확률 분포로 예측하는 방법입니다. 핵심어구 추출은 텍스트를 어휘적으로 상호 관련 있는 단어들로 나누는 분석인데 핵심어구를 추출하거나 관계를 추출하는 등의 방법에 활용됩니다. 동시출현 단어는 분석 단어들 사이의 의미상 관계성을 파악하기 위해 일정한 문맥 내에서 두 단어가 동시에 출현하는 빈도를 구하고 다양한 통계 방법을 활용해 유의미한 단어 쌍을 추출하는 방법입니다.

토픽 모델링은 구조화되지 않은 대량의 텍스트에서 숨은 주제 구조를 발견하고 카테고리화하기 위해 잠재 디리클레 할당latent dirichlet allocation과 같은 통계적 추론 알고리즘을 활용해서 단어들의 확률 분포를 통해 주요 주제를 뽑아내는 방법입니다.[24] 감성 분

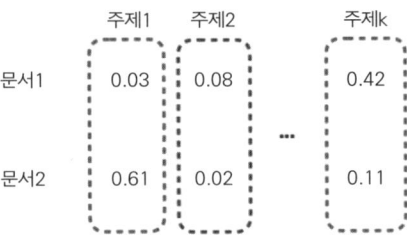

자연어 처리에서 토픽 모델링 원리[25]

석은 사전을 기반으로 전체 텍스트의 감성 비율을 정량화하는 방법이고 의미연결망 분석은 키워드 동시출현 분석을 기반으로 맥락상 연결 관계를 정의하는 방법입니다. 마지막으로 머신러닝은 서포트 벡터 머신이나 의사결정 트리 등을 통해서 활용할 수 있습니다.

텍스트 분석 결과 핵심인재는 인재관리 역량이 두드러진다

이처럼 다양한 텍스트 마이닝 기법을 통해서 다양한 비정형 데이터를 분석할 수 있습니다. 필자는 핵심인재의 특성을 파악하기 위해 텍스트 마이닝 기법의 하나인 동시 출현 단어 기법을 활용했으며 활용한 데이터는 인사 의사결정에 주로 쓰이는 평가센터assessment center 결과 보고서입니다. 즉 핵심인재와 일반인재가 동일한 과제를 수행하고 그에 대한 평가 결과를 평가자가 평가한 코멘트와 강점 등에 어떠한 차이가 있는지를 살펴보고자 했습니다. 핵심인재는 33명이고 일반인재는 105명이었습니다. 그들의 평가 결과 보고서를 기본 데이터로 활용했습니다. R 프로그램과 패키지를

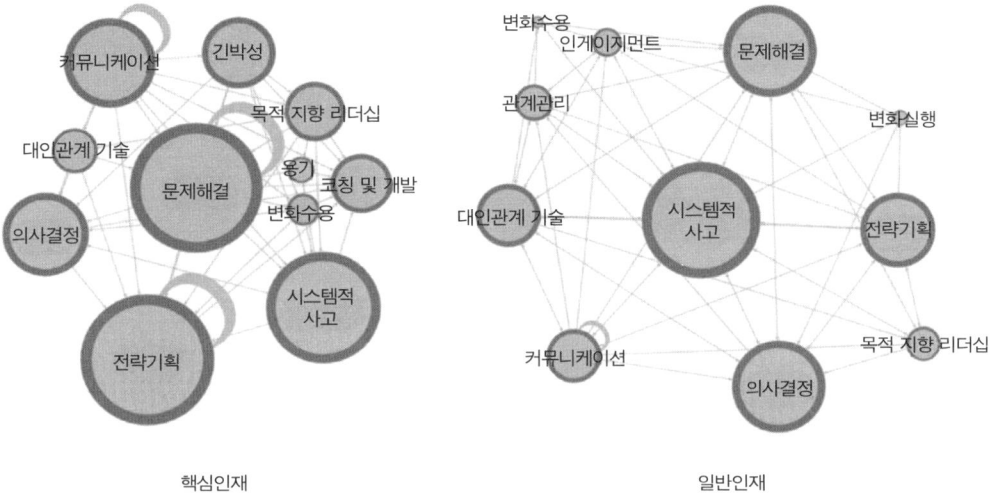

키워드 네트워크 분석 결과

핵심인재 / 일반인재

 이용하여 우선 핵심인재와 일반인재의 주요 강점을 살펴봤는데 일반인재와 비교해 핵심인재의 차별적인 특성으로 인재관리leading people 역량이 두드러지는 것으로 나타났습니다. 즉 대인관계, 커뮤니케이션, 목적 지향, 관계 관리 등 역량에서 일반인재와는 다른 패턴과 빈도수를 보이고 있었습니다.

 다음으로 동시출현 단어를 분석해 어떤 맥락에서 강점들이 발현되는지를 살펴보았습니다. 핵심인재는 문제해결을 중심으로 시스템적 사고, 전략기획, 의사결정, 커뮤니케이션 등의 역량이 골고루 관계를 맺고 중요도 역시 비슷함을 볼 수 있었습니다. 즉 핵심인재는 주어진 과제를 풀어감에서 전략과 사람을 함께 활용해서 해결해갔습니다. 하지만 일반인재는 특정 역량에만 집중했습니다. 이는 핵심인재들의 강점으로 사람 관리 역량이 도드라지게 드러난 기존 여러 연구 결과와 맥을 같이한다고 할 수 있습니다.

조직 내 텍스트 분석을 통해 문제를 분석하고 해결해야 한다
◇◇◇◇◇

핵심인재의 차별점은 변화하는 환경에 맞게끔 끊임없이 진화하고 배우는 학습 민첩성도 중요하고 분석 결과와 같이 문제 상황에 전략과 사람 관련 테마를 골고루 활용해서 조직과 사람을 이끌어가는 역량도 갖추었음을 알 수 있습니다. 이처럼 미래 직장에서는 리더와 구성원 모두에게 조직 내 산재된 다양한 텍스트 속에서 문제를 새롭게 정의하고 분석한 후 결과를 해석해서 의미를 찾아내는 역량이 필요하게 될 것입니다. 다음 글에서는 성격을 통해 리더를 이해해보고자 합니다.

5.
탁월한 리더에게도
어두운 면이 있다

　벤저민 하디Benjamin Hardy는 『최고의 변화는 어떻게 만들어지는가』에서 우리가 갖고 있는 여러 통념을 뒤집습니다. '성격은 변하지 않는다'는 그동안의 신념을 최근 연구 결과를 통해서 반박합니다. 그에 따르면 성격 역시 개인의 '개발할 수 있다는 신념growth mindset' '태도와 가치 등의 변화' 등을 통해서 바뀔 수 있다는 것을 여러 사례로 입증합니다. 그중에서 성격이 바뀌는 데 중요한 역할을 하는 '트라우마trauma'가 흥미롭습니다. 사전적으로 트라우마는 '마음에 깊이 상처를 입힌 어떤 사건이나 상황'을 의미합니다. 우리는 직장생활을 하면서 의도치 않게 다양한 '상처'를 받으며 살아갑니다. 그러한 '상처'가 조직 내 우리의 모습을 구성하기도 합니다.

　트라우마는 일을 수행하는 경험 속에서도 발생하지만 많은 경우 관계 속에서 발생합니다. '내 기대 같지 않은 동료 직원' '조직 내 정치' '내 감정과 상황을 전혀 공감하지 못하는 리더' 등을 통해서 조직 내 트라우마가 자주 생깁니다. 빈도로 따진다면 아마도 '리더' 혹은 '상사'에 의한 상처가 가장 많이 있을 것입니다. 조직 내 심리적 웰빙well-being에 중요한 선제조건이 바로 리더의 '공감' 능력입니다. 타인이 심리적으로 '고통받을 수 있을 것'임을 인지하고 정서적으로 함께 느낀다면 리더나 상사에 의한 트라우마는 더욱 줄어들 수 있을 것 같습니다.

채용 때 밝은 면 외에 어두운 면도 살펴봐야 한다

◇◇◇◇◇

A사는 10년 넘게 경력사원을 채용할 때 밝은 측면bright-sided의 성격을 주로 활용해왔습니다. 여러 연구를 통해서 밝은 측면의 성격은 조직 정합성과 미래 성과를 예측하는 데 유효하다고 밝혀진 바 있습니다. 그러나 이에 못지않게 개인이 가진 어두운 측면dark-sided의 성격도 그 영향력 측면에서 중요합니다. 마키아벨리즘, 나르시시즘 등은 전통적으로 강조되는 어두운 측면의 성격입니다. A사는 제조 및 서비스라는 산업 특성을 고려했을 때 조금 더 다양한 면의 어두운 성격을 바라볼 필요가 있었습니다. 이에 프로젝트를 통해서 경력사원 채용 시 활용될 수 있는 진단을 개발했습니다.[26] 우선 국내외의 어두운 성격을 측정하는 진단을 살펴봤고 조직 내 최고경영층과 인사부서를 인터뷰해서 주요한 부정적 행동을 도출했습니다. 그 후 이를 측정할 수 있는 요인 및 진단 문항을 개발하여 일반인 집단, 직장인 집단, 그리고 병리적으로 어두운 성격을 강하게 가진 집단을 테스트해서 최종적으로 문항의 신뢰도와 타당

핵심인재와 일반인재의 지배행동 차이 비교

척도	① 핵심인재	② 일반인재	T 검정 차이
지배행동 전체 인원수	47	52	5
위험·경고 인원	11	2	9*
위험·경고 인원 비율	23%	3%	20%

* p〈.05 수준에서 유의(양측검정)

도를 확인했습니다.

　6개 이상의 요인에 10개 이상의 하위 요소로 진단이 구성되었습니다. A사는 본 진단을 다양한 과정에서 활용하면서 그 신뢰도와 타당도를 확인했습니다. 핵심인재를 육성하는 과정에서도 활용했으며 일반인재와 핵심인재 집단 간 차이를 볼 수 있었습니다. 분석 결과 흥미롭게도 핵심인재가 일반인재와 비교해 차이점은 바로 '지배행동'이었습니다. 지배행동은 타인에 대한 공감이 부족하고 결과를 위해서 과정을 중요시하지 않는 등의 특성을 일컫습니다. 가장 적절한 비유가 바로 '구성원들을 갈아 넣는' 리더였습니다. A사 핵심인재들은 지배행동이 나타나는 비율이 높아서 일반인재와 비교해서 봤을 때도 통계적으로 유의미한 수준에서 차이를 보였습니다.

왜 핵심인재는 유독 지배행동이 높은가

◇◇◇◇◇

　그렇다면 다음으로 중요한 질문은 '왜 A사 핵심인재들이 유독 높은 지배행동을 보이고 있을까?'입니다. A사는 제조와 서비스업을 하는 회사로 다양한 협력사를 거느리고 있고 매출 중심의 성과 평가지표를 평가 척도로 활용하고 있었습니다. 그러므로 사람을 관리하고 높은 매출 목표를 던짐으로써 계속해서 성장을 유도했습니다. 이러한 과정을 성공적으로 이루어낸 사람들이 핵심인재로 선발될 가능성이 크다고 추론할 수 있습니다. 문제는 핵심인재와 CEO 선발에 가장 중요한 요소가 바로 '신호 효과signal effect'라는 것입니다. 조직과 리더와 인사부서의 모든 의사결정은 구성원들에게 중요한 신호로 다가갑니다. 특히 핵심인재와 CEO는 가장 중요한 신호 중 하나입니다.[27] 그러므로 소위 말해서 '갈아 넣는' 사람들이 핵심인재로 선발되었다면 구성원들에게 좋지 않은 신호로 다가갈 가능성이 큽니다.

핵심인재는 조직의 성과를 만들어내는 매우 중요한 자원이며 미래라고까지 불립니다. 그러나 조직이 하나의 목표를 공동으로 이루어나가는 과정이라고 한다면 리더에게 타인에 대한 공감과 배려는 매우 중요한 자질입니다. 리더는 지속가능한 조직을 만들기 위해서는 구성원을 몰아붙이는 것이 아니라 공감하고 배려해야 한다는 것을 잊지 말아야 합니다.

6.

탁월한 리더를 선발하고 관리해야 한다

"핵심인재가 중요할까?" 어찌 보면 어리석은 질문 같은데 독자분들은 당연하다고 대답할 것입니다. 그렇다면 "핵심인재를 선발해서 관리하고 있는가?"라는 질문에 몇 퍼센트 정도가 그렇다고 대답할까요? 2020년 사람인에서 조사한 설문에 따르면 약 44%가량이 핵심인재를 선발하고 별도로 관리한다고 답했습니다.[28]

핵심인재의 중요성에 대해서는 대부분 공감하면서 별도로 선발해서 관리하는 기업 수는 생각보다 적습니다. 코로나19 이후 기업과 인사 내외부의 불확실성이 더욱 높아짐에 따라 핵심인재 선발과 육성의 중요성이 더욱 높아졌습니다. 또한 2030년 국내 생산가능인구가 2020년 대비 300만 명 이상 감소할 것이라는 통계청 자료를 보면 앞으로 기업에 지원하는 절대 숫자가 감소할 것이 자명해집니다. 핵심인재를 어떻게 관리하고 선발해야 하는지는 더욱더 심각한 문제로 다가옵니다.

핵심인재 관리 여부 및 방법

(단위: %)

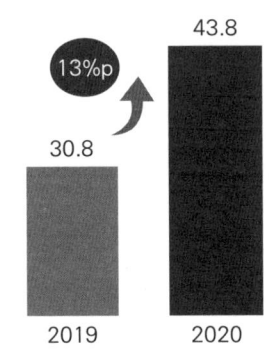

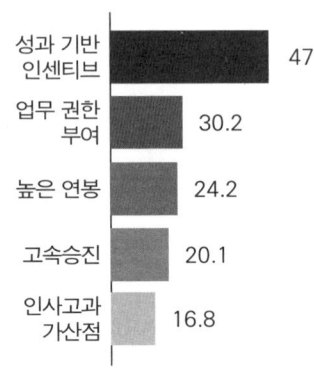

(출처: 사람인)

인재 유지가 점점 더 중요해지고 있다

◇◇◇◇◇

이제 우리에게 대퇴사·대전환 시대란 표현이 새롭지 않은 것처럼 조직 내 인재를 어떻게 유지할지도 조직과 인사부서의 오랜 고민입니다. 그러나 왜 인재가 조직을 떠나는지에 대한 이유는 시간에 따라 많이 변했습니다. 대퇴사 시대와 관련된 최근 세계경제포럼WEF 연구 결과를 보면 미국 내 직장인 20%가량이 2022년 안에 퇴직을 고민하고 있고[29] 맥킨지가 전 세계 직장인을 대상으로 진행한 설문에서도 향후 3~6개월 안에 40% 이상의 구성원이 퇴직을 계획하고 있다고 합니다.[30]

우리나라는 인구 변화에 따른 사람들의 인식이 인재 유지에 어려움을 더하고 있습니다. 국내 사망인구가 출생인구를 앞서는 '데드

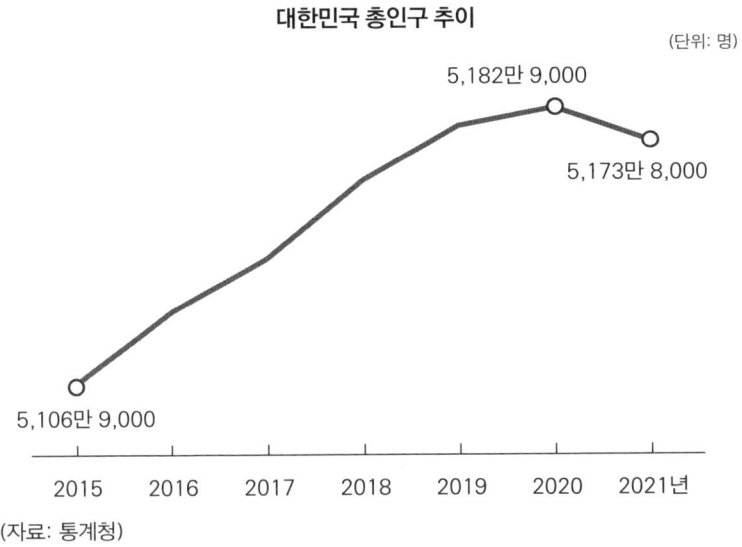

크로스'가 2021년부터 본격화되었습니다.[31] 비단 고령화 문제는 우리나라만 겪는 문제가 아닙니다. 우리가 젊은 국가로 알고 있는 베트남 역시 고령사회 기준인 65세 이상 인구가 이미 9%에 달했고 유엔UN이 발표한 고령인구 보고서를 보면 2019년 기준 전 세계 인구 80억 중 65세 이상이 7억 명을 넘기고 2050년에는 15억 명에 달합니다.[32] 그럼에도 불구하고 우리나라 인구 문제가 더욱 심각하게 다가오는 것은 바로 노후 대비 때문입니다. 아마 독자분들도 힘들게 번 월급의 일정 부분을 국민연금 혹은 사학연금 등으로 내고 있을 것입니다. 적지 않은 금액이지만 월급 명세서를 보며 "이 돈이 내 미래를 준비해줄 거야." 하는 위로를 했을 것입니다.

그러나 이미 많이 알려진 대로 국민연금은 2042년부터 적자가 되어 2057년에 고갈될 예정입니다. 그 금액 역시 2019년 기준으로 30년을 납입했을 때 월평균 127만 원을 받는 수준에 그칩니다. 서울대학교 보건대학원 조영태 교수는 저서 『인구 미래 공존』에서 더욱 암울한 사학연금의 미래를 소개했는데 사학연금공단은 사학연금이 2029년 적자로 전환됨을 밝혔습니다. 이유는 간단합니다. 내는 사람에 비해 받는 사람이 기하급수적으로 늘어났기 때문인데다 그 속도가 빨라지고 있다는 게 더욱더 문제입니다.

상황이 이러하니 구성원들은 연금을 통해 미래를 준비하기보다 자산 투자와 자신의 경쟁력을 키워서 제2, 제3의 직업을 준비하는 데 집중하고 있습니다. 자연스럽게 현재 조직에 남기보다는 더 높은 급여를 주거나 개인 경쟁력을 키워줄 수 있는 곳으로 이동하려는 욕구가 커지게 된 것입니다. 코로나19로 인한 직장 환경의 변화와 인구 변화에 따른 미래 준비 등으로 인해서 조직 내 구성원들을 유지하기 위한 변수가 너무 다양해졌습니다. 그러나 동시에 이 같은 상황은 조직 내 핵심인재의 중요성을 더욱 높였습니다. 불확실성이 높은 상황에서 미래 전략적 방향을 준비하고 조직을 지속적으로 변화시키기 위해서는 핵심인재가 매우 중요합니다.

더불어 ESG에 대한 대응 중 지배구조(G) 활동에서 이사회의 투명한 CEO 선발과 관리가 중요해진 만큼 삼성과 SK를 필두로 핵심인재를 선발해서 CEO 후보군으로 육성하려는 노력이 더욱 강조되고 있습니다.[33] 그렇다면 핵심인재를 어떻게 선발하고 유지할 것인가? 필자는 캘리포니아주립대학교 몬터레이베이 캠퍼스의 수학 및 통계학과 스티븐Steven Kim 교수와 함께 데이터 기반 의사결정을 활용한 핵심인재 선발 시기에 관한 연구를 진행했습니다.[34]

인사 분야의 데이터 기반 의사결정 사례를 보면 핵심인재의 특성과 퇴직 예측을 하는 데 필요한 여러 요인이 충분하고 다양하게 소개되고 있습니다. 그러나 우리가 주목한 점은 분석 결과를 '언제 조직 내에서 적용할지'에 대한 의사결정 시기입니다. 우리가 열심히 분석해서 경영층에 보고하더라도 항상 듣는 말은 "그래서 언제 어떻게 해야 합니까?"입니다. C기업은 매년 공개채용을 통해 신입사원을 채용하며 입사 후 신입사원 교육연수 프로그램을 15일 이상 진행합니다. 이 교육은 기업의 핵심가치 중심으로 진행되며 특이한 사항으로는 조직 내 핵심인재로 분류되는 인력들이 교육 운영을 도와주며 신입사원에 대한 평가도 진행한다는 것입니다. 평가 목적은 향후 직무배치를 위한 참고자료로 활용됩니다. C기업은 최근 데이터를 통한 인사관리에 큰 관심을 쏟고 있으며 신입사원 교육 결과를 바탕으로 핵심인재를 선발할 수 있는지에 관해 궁금증을 갖고 있었습니다. 이에 우리는 C기업 신입사원의 교육연수 결과와 3년간의 성과를 바탕으로 예측 모델을 만들었습니다.

　신입사원 성과는 S·A·B·C·D로 구분되었으며 우리가 주요하게 보고자 했던 것은 신입사원 연수 결과 중 무엇이 S로 구분되는 핵심인재를 예측할 수 있는가와 언제 S로 예측해서 해당 인재를 핵심인재풀에 합류시킬 것인가였습니다. 우선 C기업은 창의, 협력, 도전, 고객중심이란 4가지 핵심가치로 교육 내용을 구성했으며 교육과정 관리자들은 15일간 모니터링하면서 자체 평가도구로 신입사원의 핵심가치 정도를 측정합니다. 이 결과는 100점 만점으로 환산됩니다. 우선 우리가 만든 모델은 4가지 핵심가치 점수와 입사 당해연도 성과(S)를 예측했고, 1년 후에는 핵심가치 4가지 점수와 당해연도 성과를 예측했고, 2년 후에는 2년 치 성과와 핵심가치 4가지 점수를 활용했습니다. 머신러닝 알고리즘의 일종인 랜덤포레스트와 로지스틱 회귀분석을 통해 예측했으며 핵심가치 4가지 중 협업과 창의로만 당해연도 성과를 예측한 모델이 59%가량, 당해연도 성과를 포함한 1년 후 성과는 협업과 창의가 58%가량, 그리고 2년 후 성과는 당해연도+1년 후 성과+협업+창의가 62%가량 예측했습니다. 예측력 차이는 4%가량밖에 되지 않았지만 한 해 채용하는 인원이 수천 명임을 고려하면 그 예측력 차이는 크다고 볼 수 있습니다.

핵심인재를 언제 선발해서 관리하는 것이 좋은가

◇◇◇◇◇

이 결과를 바탕으로 여러분은 결정을 내릴 것입니다. 당해연도 결과를 가지고 그들을 핵심인재로 관리할 것인가? 아니면 2년을 기다리고 예측력을 높인 후에 핵심인재로 합류시킬 것인가? 각 회사의 리더와 인사의 철학과 가치관에 따라 그 결정은 다를 수 있습니다. 핵심인재는 핵심인재풀에서 합류와 퇴출이 반복되기 때문에 빠르게 당해연도에 선별해서 관리한다는 답변도 가능하며 예측력을 중요시한다면 2년 후까지 기다려서 관리한다는 답변도 가능합니다. 이 분석에서 우리가 중요하게 던졌던 질문은 '조직과 인사부서의 데이터 분석 결과를 언제 어떻게 의사결정과 연결지어야 하는가?'였습니다. 예측 문제의 주요 목적은 분석 결과를 다른 조직에 적용하는 데 있지 않습니다. 각 조직에서 특수한 상황에 유용하도록 활용하는 것이 예측 분석의 효용입니다.[35] 그러므로 이 분석 결과는 조직마다 상이하게 적용될 수 있습니다. 우리가 주목해야 할 것은 데이터 기반으로 핵심인재를 언제 선발해서 관리할지에 관한 질문에 답변을 할 수 있다는 것입니다.

앞으로 조직 내 인재 유지, 특히 핵심인재의 이직에 관심이 더욱 높아질 것입니다. 여러 연구와 분석이 이를 뒷받침하지만 단순히 환경 요인과 조직 내 이슈만으로 다 해석하기는 어렵습니다. 조직마다 가진 고유 맥락, 데이터, 그리고 인재에 대한 배경을 온전히 이해한 후 이직 요인을 확인하고 대응하려는 노력이 매우 중요합니다.

7.

어떻게 구성원의 퇴직을
막을 것인가

여러 선행 연구에서 성실성이란 성격이 산업과 직무와 관계 없이 고성과자를 잘 예측하였고[36] 채용 현장에서는 높은 성과를 낼 확률이 높은 사람을 예측하고 채용하려고 합니다. 그러면 인사부서는 회사에 들어온 사람의 어떠한 성격에 관심을 가져야 할까요? 여러 가지 대답이 가능할 것입니다. 예를 들면 조직에 '융화'되는 사람이나 '협업'하기 좋은 사람 등을 성격 기반으로 추론하고 예측하려는 활동이 필요할 것입니다. 그러나 오랜 기간 우리가 관심을 가지고 풀려고 했던 숙제는 바로 '퇴사할 것 같은 사람'을 예측하는 것입니다.

핵심인재의 퇴사는 기업 경쟁력 하락으로 이어진다
◇◇◇◇◇

최근에는 노동 시장의 유연성이 높아져서 조직 간 이동이 비교

직원의 퇴직 행렬[106]

적 자유로워졌지만 조직과 리더 입장에서는 한 사람을 채용하고 사회화 후 전력화할 때까지 생각보다 큰 비용과 오랜 시간을 투자합니다. 그렇기 때문에 잘 '키워놓은' 구성원이 퇴사한다는 것은 조직 입장에서는 손실로 인식될 수 있습니다. 그러므로 인사부서와 리더는 오랫동안 퇴사 예측 모델 등에 높은 관심을 보여왔습니다. 특히 핵심인재 비율이 높은 회사는 이직이 곧 회사의 경쟁력 하락에 직접적으로 연결되므로 더욱 관심이 높습니다.

화학 기업인 E사는 입사 후 3년 내 퇴사하는 구성원들이 근속하는 인원 대비 성격에서 차이점을 보이는지를 알아보고자 했습니다. E사는 입사 시 대표적인 성격 구분 중 하나인 5요인에 성취지향성을 더해서 총 6요인을 활용하고 있습니다. 데이터 분석을 위해 우선 한 지점의 입사 인원의 성격 데이터와 근속 여부를 확인했습니다. 두 집단의 성격 요인 간 차이점은 간단하게 평균 차이를 검증하는 t-테스트를 활용했습니다. t-테스트는 두 집단 간 특정한 점수에서 통계적으로 유의미한 차이가 발생하는지를 볼 때 활용하는 방법이며 통계 분석 방법 역시 간단합니다.

근속 집단과 퇴직 집단의 차이는 성실성이다
◇◇◇◇◇

분석 결과 공교롭게도 두 집단 간 성격 점수의 차이는 통계적으로 유의한 수준으로는 발생하지 않음을 알 수 있었습니다. 즉 성격 6요인과 근속과 퇴직 집단의 차이를 설명하지는 못한다는 것입니다. 그럼에도 불구하고 흥미로웠던 점은 두 집단 간 가장 큰 차이를 보이는 점수는 성실성 요인이었습니다. 오히려 호감성은 퇴직 집단이 더욱 높은 점수를 보이고 있었습니다. 통계적으로 유의미한 차이가 아니므로 결과 해석에 제한이 있겠지만 계획한 바를 끝까지 해내고 규준이나 규칙 등을 준수하려는 성격을 의미하는 성실성이 높은 인원이 비교적 퇴직 가능성이 높을 수 있음을 알게 되었습니다. 이는 조직에서 성실성이 직무성과를 가장 잘 예측하는 동시에 성실성이 높은 사람이 고성과자일 가능성이 높으므로 타사로의 이직 역시 더욱 유리할 수 있다고 추론할 수 있었습니다.

물론 퇴직 인원이 근속 집단과 비교해 특정 성격 요인이 높게 나왔다고 하더라도 인사부서에서 할 수 있는 개입 활동은 매우 제한적입니다. 성격은 환경과 상황을 막론하고 안정적이고 변하지 않는 특성을 보이기 때문입니다. 그럼에도 불구하고 한 조직에서 데이터를 통해서 퇴직 인원이 성격에서 지속적인 특징을 보인다면 이는 채용 측면에서 참고자료로 고려할 만한 요인이 될 수도 있습니다. 더불어 기존 여러 선행 연구를 통해서 '출퇴근 거리가 먼 사람이 퇴직할 확률이 높다.' 혹은 '경력증명서를 자주 열람하는 사람일수록 곧 퇴직할 확률이 높다.' 등의 퇴직을 설명하려는 분석이 있습니다. 이러한 모든 분석은 구성원들의 퇴직을 막기 위한 예방활동의 근거가 되어야 할 것입니다. 그리고 예방활동이 퇴직자를 줄이는 데 효과를 본다면 데이터 기반 의사결정이 조직 내 직접적 기여를 하는 좋은 사례가 될 것입니다.

다음 장에서는 퇴직 못지 않게 국내외 여러 기업에서 가장 큰 관심을 받고 있는 DEI와 ESG를 데이터와 사례를 통해 다뤄보겠습니다.

4장

데이터와 사례로 보는 DEI와 ESG

다양성, 공정성, 포용성이 중요해진다

2030년 무인주행 자동차가 서울 한복판을 달리고 있다고 가정합시다. 그런데 무인주행 자동차의 브레이크가 고장났고 앞에는 양 갈래 길이 놓여 있습니다. 왼쪽 길은 유모차 끄는 사람 등 여러 명이 걷고 있고 오른쪽 길에는 건장한 남자가 이어폰을 꽂고 뛰고 있습니다. 무인주행 자동차는 어떤 길을 선택하게 될까요? 트롤리 딜레마trolley dilemma로 불리는 이 상황은 최근 인공지능 윤리 문제로 확대되어 논의되고 있습니다. 데이터의 수집과 가공부터 인공지능 기반 의사결정까지 컴퓨터 공학을 필두로 한 과학계와 철학을 대표로 한 인문계가 함께 '임베디드 윤리학embedded ethics' 체계를 만들고 있습니다.

트롤리 딜레마

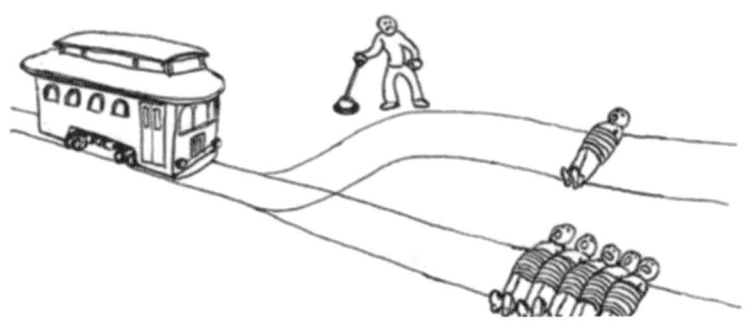

왜 조직에서 다양성 관리가 중요한가

◇◇◇◇◇

인공지능과 관련된 윤리체계가 정립될 만큼 인공지능이 우리 생활에 깊숙이 들어와 있습니다. 그런데 다양성과 인공지능은 무슨 관련이 있을까요? 우선 인공지능의 재료인 데이터는 주로 사람들이 생성한 것입니다. 그리고 그 데이터에는 일정 부분 편향이 반영되어 있습니다. 오래된 사례지만 아마존에서 인공지능 기반 채용 프로그램이 여성을 차별한 사건이 있었습니다. 이는 인공지능이 학습한 데이터가 여성 편향을 가지고 있었기 때문입니다. 우리가 객관적이라 믿는 인공지능도 알고 보면 편향에 매우 취약합니다. 그렇다면 우리 인간은 얼마나 편향에서 자유로울 수 있을까요? 다양성이 조직 내 갈등으로 이어지는 데는 편향이 중요한 역할을 합니다.

오랫동안 다양성 분야에서는 성별과 인종이 주요 주제였습니다. 두 주제는 표면화된 다양성 surface-level diversity 요소로 손쉽게 인

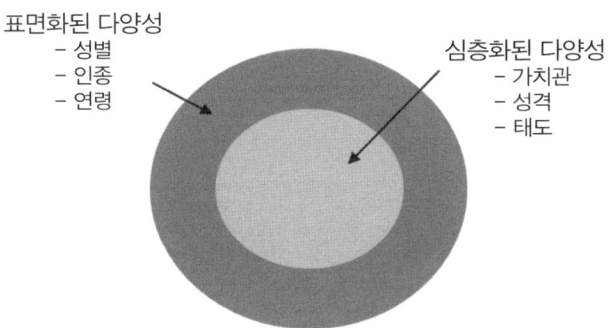

지될 수 있다는 특징을 가집니다. 반면 가치관이나 종교 등은 심층화된 다양성deep-level diversity으로 분류되어 다른 사람이 쉽게 알기 어렵습니다. 역사적으로 성별과 인종에 대한 차별과 편향에 반한 싸움이 오래되었고 차별을 해결하기 위한 법률적이고 사회적인 방안이 제안되고 실행되었습니다. 대표적으로 적극적 우대 조치 affirmative action는 성별, 인종 등 다양성 요소로 인해 차별받지 않음을 법률적으로 못 박아둔 조치입니다. 표면화된 다양성은 이처럼 해결 방안도 명료하게 인식될 수 있습니다.

　반면 심층화된 다양성은 최근 전 세계적으로 다양한 갈등의 원인이 되고 있는데 단순히 법률적으로 해결할 수 없다는 특징이 있습니다. '옳고 그름'의 문제가 아니기 때문입니다. 가령 특정 종교를 지지한다는 행위 자체가 '맞고 틀린' 문제가 아니라 서로 '다른' 것뿐입니다. 그러므로 서로 이해하고 포용해서 해결해야 합니다. 그렇다면 구성원으로서 혹은 인사담당자로서 포용성을 높이기 위해 할 수 있는 일은 무엇이 있을까요? 이번 글에서는 다양성에 대한 이해, 데이터 기반 다양성 관리 방안, 포용성을 높이는 방법 순으로 이야기를 풀어보고자 합니다.

우선 왜 우리는 이토록 '다른' 특성을 가지게 되었을까요? 여러 답이 있겠지만, 진화론 관점을 빌려온다면 각자 주어진 환경에서 살아남기 위해 적응하고 그 과정에서 다른 특성을 가지게끔 변이variation되었다고 볼 수 있습니다. 동시에 생존에 위협을 줄 수 있으므로 다른 특징을 가진 사람 혹은 무리에게는 불편한 감정을 느끼도록 진화되었습니다. 그러므로 다른 특성(성별, 인종, 종교 등)을 가진 사람과의 협업은 늘 어렵고 불편한 게 자연스럽습니다. 그렇다면 이토록 어려운 다양성 관리가 조직에서 어떻게 실현될 수 있을까요? 엘리와 토머스(2001)는 다음과 같이 조직에 다양성이 3단계로 자리잡을 수 있다고 합니다.

> 1단계: 성별과 인종 등 다양성 요소에 따른 차별 이슈를 해결하는 '차별 – 공정성 관점' 단계
> 2단계: 다양성 요소가 사업 기회를 확장하는 데 도움을 주는 '접근 – 정당성 관점' 단계
> 3단계: 조직의 학습 및 창의성을 높여주는 '통합 – 학습 관점' 단계

1단계는 채용 및 조직관리에서 다양성 요소로 불이익이 생기지 않도록 대응하는 활동을 뜻하며 '적극적 우대 조치'가 그 예시입니다. 2단계는 다양성 요소가 새로운 상품, 서비스, 비즈니스를 만드

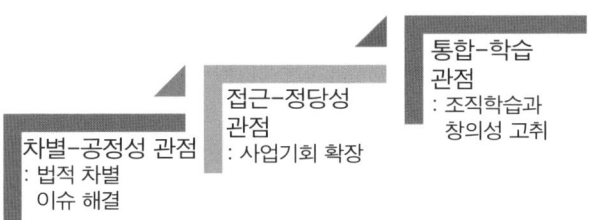

는 데 도움이 되며 여성 인력 채용을 통해 여성용 신제품 개발 등에 도움을 받는 것이 그 예시입니다. 3단계는 다양한 사람이 모여서 새로운 사고와 기획을 할 수 있는 장점을 갖게 되며 다양성이 조직성과에 직접적 영향을 끼칩니다. 이처럼 다양성이 조직에 도입되기 위해서는 3단계를 거친다고 주장합니다.

 새로운 사업 기회와 창의성에 도움이 되는 다양성은 최근 ESG 열풍을 타고 더욱 관심을 받고 있습니다. ESG는 지속가능한 기업 경영의 3가지 핵심 요소인 환경Environment, 사회Social, 지배구조Governance의 영어 앞글자를 딴 단어입니다. 공기업과 사기업에서 ESG를 중요한 관리 지표로 삼고 사회와 지배구조 측면에서 다양성 이야기가 많이 나오게 되었기 때문입니다. 대표적으로 다양성 요인을 가진 인력에 대한 채용이 사회 측면에서 중요해졌고 세계 최대의 자산 운용사인 블랙록BlsckRock이 이사회 구성에 여성을 포함해야 한다는 구체적 요구를 했습니다. 한국계 다국적 기업 역시 다양성에 큰 관심을 보이고 있습니다. 이에 더해 유럽연합에서는 조직 내 인권 보호를 준수한 기업에만 수출 기회를 주기 시작했으므로 조직 내 인권 이슈 역시 중요한 주제입니다. 최근에는 DEI(다양성, 공정성, 포용성)와 관련된 논의 범위도 확대되고 있고 데이터를 활용해서 관련된 문제를 진단하고 해결책을 찾고자 하는 사례도 증가하고 있습니다.

2022년 3월 『하버드 비즈니스 리뷰HBR』에 실린 「데이터 기반 다양성 관리Data-driven Diversity」에서 지금까지 조직들이 DEI 활동을 위해 결과 수치에 집중했는데 실제적으로 다양성을 통한 성과를 높이기 위해서는 과정 수치도 중요하다고 강조하고 있습니다. 즉 여성 인력 채용, 여성 사외이사 수, 장애인 채용률 등은 결과 수치로서 지속가능성 보고서에 기재했습니다. 하지만 그들이 조직 내에서 얼마큼 포용되었다고 느끼는지에 대한 데이터는 관리되지 않았다는 것입니다. 실제로 글로벌 회계법인인 어니스트앤영EY은 매년 DEI를 진단하고 결과 수치와 과정 수치를 모두 관리하고 있으며 매년 개선 정도를 리더십 평가에 연동했습니다. 이처럼 다양성에 관한 관심과 데이터를 통한 관리에 더해서 구성원들이 느끼는 포용성이 매우 중요해지고 있습니다.

어떻게 구성원에게 포용성을 느끼게 할 것인가

그렇다면 구성원이 어떻게 하면 포용성을 느낄 수 있을까요? 첫째, 많은 글로벌 기업이 채택하는 방법의 하나로 네트워크를 만드는 것입니다. 가령 일하는 여성 직장인들을 위한 네트워크professional women's network, 성적 소수자 네트워크LGBT unity, 아시아 출신 네트워크asian network 등이 있습니다. 국내 사례로는 롯데가 여성

어니스트앤영의 D&I 트랙커 결과 예시[1]

Feel like I belong to a team

	FY21 People Pulse	2019 Global People Survey	Change
All	85%	84%	+1
Women	86%	83%	+3
Men	85%	85%	0
Racially and ethnically diverse respondents	84%	81%	+3
White respondents	86%	85%	+1

리더를 위한 모임과 포럼way of women: wow forum을 만들어서 여성들 간 공감대의 장을 마련했고 다양한 친여성제도를 만든 바 있습니다. 네트워크 참여로 다양성 요소를 가진 구성원은 조직에 소속감을 느끼고 혼자가 아니라는 생각을 할 수 있습니다. 더불어 네트워크를 널리 홍보함으로써 전 구성원에게 다양성 이해를 도모하는 기회로도 활용할 수 있습니다.

둘째, 포용성을 지속적으로 측정하고 관리해야 합니다. 어니스트앤영EY은 매년 D&I 트랙커라는 진단을 하며 다양성과 포용성 모두 전년과 비교해서 진척도를 확인합니다. 포용성은 임금, 디지털 접근성, 집단별 만족도 등의 차이를 살펴보며 다양성 요소에 따라 차이가 나는지를 확인합니다. 진단 결과를 바탕으로 DEI 담당자는 조직과 지역 내 문제가 될 수 있는 차이를 확인하고 행동할 수 있습니다. 더불어 진단으로 포용성을 관리함으로써 리더와 구성원들에게 데이터를 제시할 수 있다는 점과 차이로 인해 일어날 문제를 해결하기 위한 노력으로 이어질 수 있다는 점이 데이터 기반 다양성 관리의 장점입니다. 국내 기업에서 진행한 한 연구에 따르면 포용성과 조직 내 혁신 성과 간에 통계적으로 유의미한 관련성이 있음도 밝혀졌습니다. 이처럼 다양성과 포용성이 조직성과에 기여할 수 있음을 진단으로 밝힐 수 있다는 점에서 유용합니다.

셋째, 인사부서 주도로 포용성을 높이기 위한 워크숍과 개발 활동을 하는 것입니다. 우선 채용공고에서 특정 집단에 유리할 수 있는 단어나 표현을 확인해야 합니다. 가령 필요한 역량과 스킬을 적시함에 공격적인agressive, 도전적인challenging 등 남성 중심적 표현이 들어가면 여성 지원자가 불리함을 무의식적으로 느낄 수 있고 면접 장면에도 반영됩니다. 그러므로 채용공고부터 포용성을 높일 수 있도록 중립적 표현과 단어를 써야 합니다. 그리고 채용에서 활용하는 도구(인적성 검사, 인터뷰 등)가 다양성 요소에 따라 결과가 다를 수 있는지도 고려해봐야 합니다. 최근 한 국내 연구에 따르면 채용 장면에서 특정 채용 도구가 여성에게 불리하게 설계됐음을 통계적으로 검증한 바 있습니다. 이처럼 채용에서 활용하는 도구 선택에서도 포용성을 함께 고려할 수 있습니다.

또한 리더와 구성원들에게 다양성에 대한 기본 이해 교육을 함으로써 '다른' 특성에 공감할 수 있도록 도울 수 있고 더 나아가 조직 내 포용성을 해칠 수 있는 상황을 목격했을 때 자신이 할 수 있는 작은 행동부터 실천 전략까지 시뮬레이션으로 교육할 수도 있습니다. 더불어 다양성 요소를 가진 사람들이 더욱 잘할 수 있는 강점을 살려서 직무를 부여할 수도 있습니다. 가령 주의력결핍 과잉행동장애ADHD는 평균보다 높은 에너지 수준과 큰 그림을 볼 수 있는 능력과 창의력이 높습니다. 이처럼 다양성 요소로 가질 수 있

『이코노미스트』의 유리천장지수[2]

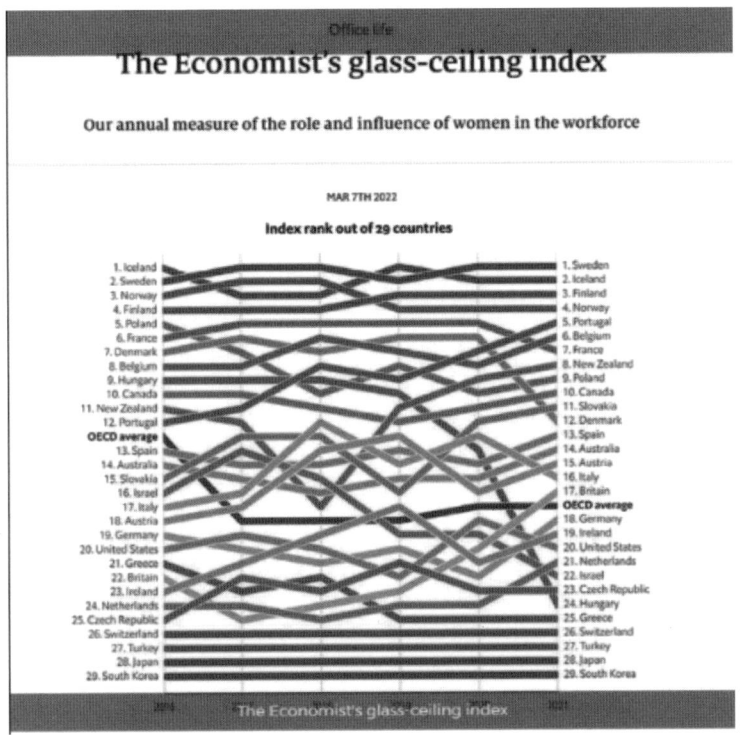

는 강점을 잘 활용하면 조직도 더 높은 성과를 낼 수 있습니다.

얼마 전 영국 시사 주간지 『이코노미스트』가 유리천장지수를 발표했는데 우리나라는 경제협력개발기구 29개국 중 7년 연속으로 꼴찌를 기록했습니다. 그래도 다행히 우리나라가 조금씩 개선을 보이고 있음도 밝혔습니다. 이처럼 현재 우리나라의 DEI 관리 활동은 초기 단계지만 최근 ESG 열풍과 국내 기업들의 관심도를 살펴봤을 때 빠른 진척이 있을 것으로 기대됩니다.

2.
구성원의 번영을 측정하고 관리하자

사회와 조직 내 다양성 문제는 풀기가 매우 어렵습니다. 왜 그럴까요? 인간은 자신과 다른 특성을 가진 존재를 불편하게 느끼도록 진화했기 때문입니다. 인류가 유인원으로부터 진화해서 군집을 이루고 지금까지 생존한 비결 중 하나는 다른 것을 배척한 덕분입니다. 즉 인간은 본인과 '다른' 특성을 가진 존재나 집단에 불편함을 느낌으로써 생존확률을 높였는데 진화 과정에서 채택한 독특한 노력이었다는 것입니다. 인류가 사냥터에서 무리를 이루며 돌아다니던 중 새로운 특성을 가진 집단을 만났을 때 경계하고 대립했던 것은 익숙하지 않은 다른 집단이 우리 집단의 생존에 어떻게 영향을 미칠지 몰랐기 때문입니다. 이처럼 다양성 문제는 우리 뼛속 깊이 관련된 오랜 문제입니다.

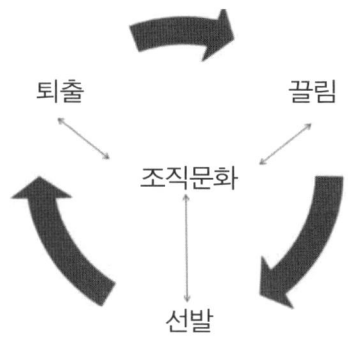

평균화된 '구글맨' '삼성맨' '현대맨'은 없다

◇◇◇◇◇

현대의 우리 조직은 어떨까요? 조직문화, 분위기, 관행을 설명하기 위해서 많이 활용되는 이론적 틀이 바로 벤자민 슈나이더Benjamin Schneider의 끌림－선발－퇴출ASA, Attraction Selection Attrition입니다. 메릴랜드대학교의 슈나이더 교수는 1987년 「조직을 만드는 것은 사람The people make the place」에서 끌림－선발－퇴출ASA 이론을 소개했는데 한 조직에서 새로운 사람을 채용할 때는 비슷한 특성을 가진 사람에게 '끌리며attract', 후보자를 '채용하고select', 다른 특성을 가진 사람은 적응하지 못하고 '퇴출되는attrite' 현상을 의미합니다. 이런 끌림－선발－퇴출ASA 사이클이 조직에서 지속되다 보면 특정 조직은 비슷한 특성을 가진 사람들로 구성되고 고유한 문화를 갖게 된다는 것입니다. 그렇기 때문에 국내외 기업에서 '구글러' '삼성맨' 하면 떠오르는 대표적인 모습이 존재할 수 있는 것입니다.

그런데 최근 한 기업을 대표하는 인재상이 옅어지고 있고 그 필요성도 약해지고 있습니다. 다시 말해 구성원은 '고유 특성을 가진 개인'이지 'OO인'으로 평균화돼서 표현될 수 없다는 것입니다. 과거에는 조직의 전체 가치를 강조하며 '핵심가치'를 구성원의 의사결정 방식으로 선포하고 관리하기도 했습니다. 그러나 이제는 개인이 가진 고유 가치관을 회사가 인정하고 긍정적으로 활용해야 한다는 주장이 국내외 기업에서 나오고 있고 2022 미국인사관리협회SHRM 콘퍼런스에서도 중요한 주제로 소개된 바 있습니다. 더불어 최근 인사에서 구성원 한 명 한 명에게 관심을 가지고 개인화해서 관리해야 한다는 주장이 직원경험이란 단어로 더욱 강조되고 있습니다. 왜 최근 들어 이처럼 구성원 한 명 한 명이 가진 차별적 가치가 더욱 강조되고 있을까요?

무엇보다 기술의 발전이 중요한 역할을 했습니다. 넷플릭스 CEO 리드 헤이스팅스는 2022년 7월 19일 실적발표 콘퍼런스콜에서 전통적 TV는 앞으로 5~10년 안에 확실한 종말을 맞게 될 것이라고 단언했습니다.[3] 그는 시간표에 맞춰 프로그램을 송출하고 시청자가 수동적으로 시청하는 방식의 리니어linear TV를 보는 전 세계 인구와 미국 인구가 급격히 줄어들고 있다는 데 주목했습니다. 대신 시청자가 본인 기호에 맞춰 콘텐츠를 찾거나 반대로 미디어가 콘텐츠를 추천하는 방식으로 시청 방식이 넘어간다는 것입니다. 이런 주장은 오래되었지만 그 추세가 지금과 같이 뚜렷하게 된 데는 유튜브 콘텐츠 추천 등에 쓰이는 인공지능과 추천 알고리즘이 큰 역할을 했습니다.

전 세계 사람들이 더 이상 수동적으로 주어진 것에 반응하는 것이 아니라 본인 가치에 맞는 것을 적극적으로 찾고 기술 도움을 받는 흐름은 구성원 관리에도 영향을 미칩니다. 인공지능을 활용해서 인적성 검사를 보고 면접까지 대체하고 있으며 구성원 직무 배치에도 적극적으로 활용하고 있습니다. 이는 사람이 직접 하던 의사결정을 데이터와 기술을 이용해서 더 개인화된 인사 결정을 내릴 수 있음을 의미하므로 기술이 개인 가치를 중요시하는 데 촉매 역할을 했다고 볼 수 있습니다.

사회와 조직에서 개인이 가진 고유한 특성, 즉 다양성이 더 중요시되고 강조되고 있으며 어떻게 관리할지가 최근 많은 조직의 중요한 관심사입니다. 우선 2022 미국인사관리협회SHRM 콘퍼런스에서도 DEIB(다양성·공정성·포용성·소속감)가 매우 강조되었습니다. 2021년 미국 내 퇴직자가 5,000만 명에 이른다는 미국 노동통계국 데이터를 보면 구성원 유지가 얼마나 중요한 이슈인지 짐작할 수 있습니다. 그런 맥락에서 미국인사관리협회SHRM 콘퍼런스에서 구성원이 그만두지 않게 하기 위해서 개인이 가진 다양성을 포용하고 소속감을 느끼게 하는 DEIB가 여러 주제와 사례로 공유되었습니다. 앞서 강조한 대로 최근 구성원들은 개인이 추구하는 가치에 대해 조직이 인정하고 이를 관리하기 위한 노력을 중요하게 생각합니다.

평등과 공정의 차이

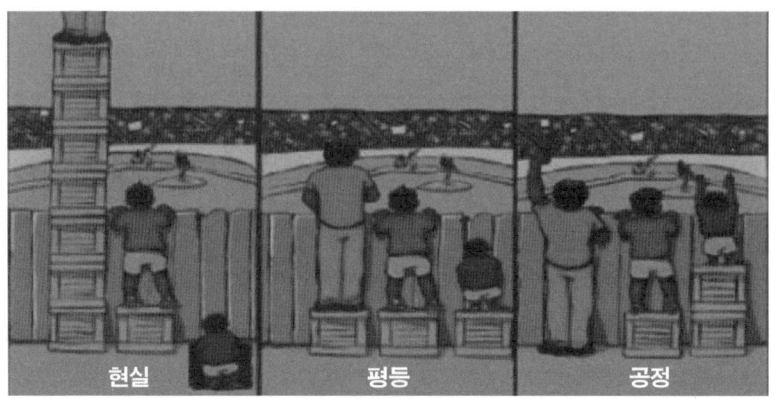

개인 가치를 진단하고 성장 로드맵을 짜주어야 한다

◇◇◇◇◇

그러다 보니 국내 한 대표 기업은 개인 가치를 진단하고 이에 맞는 성장 로드맵을 인사부서에서 짜주는 인사관리 프로젝트를 진행하고 있기도 합니다. 그런데 개인이 가진 정체성이 여럿인 경우도 많습니다. 특히 어렸을 때 해외에서 태어나서 다양한 국가와 교육 경험이 있는 구성원은 2개 이상의 정체성을 가질 확률이 높습니다. 그러므로 이러한 구성원을 위해서는 단순히 인종과 성별에 따른 구분을 하지 않고 여러 정체성을 가질 수 있다는 것을 가정하고 관리하고 있습니다. 다양성 관리에서는 어떤 다양성이 있는지를 이해하는 것이 우선 중요합니다.

다음으로 최근 강조되는 공정성은 과거에 단순히 다양성과 포용성을 강조하던 흐름에서 한 걸음 더 나갔다고 볼 수 있습니다. 공정은 기회 동일성 측면의 평등equality과는 다르게 결과가 동일할

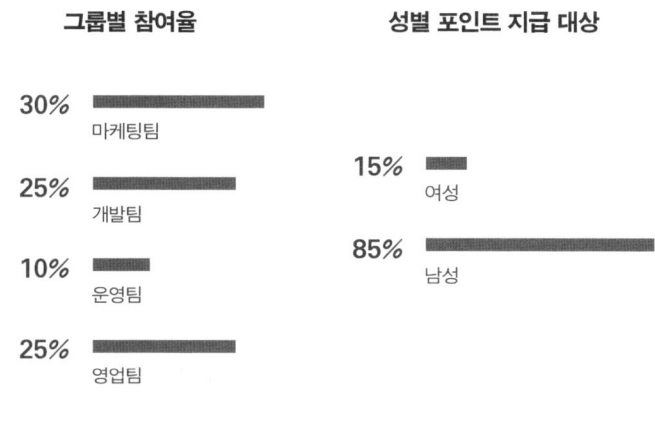

수 있도록 자원과 기회를 개인차에 맞추자는 개념입니다. '다른 특성'을 가진 사람을 배척하지 않고 포용하려는 노력까지는 지금의 상태로부터 간격이 크기 때문에 똑같은 출발선을 만들어주자는 공정 개념이 최근 더욱 강조되고 있습니다. 가령 어니스트앤영$_{EY}$에서 실시하고 있는 DEI 활동 중 하나인 '발언권 공정하게 하기$_{pass\ the\ mic}$' 활동은 보통 리더에게 편중된 회의 내 발언권을 다양한 직원에게 나눠주기 위해서 만든 제도입니다. 이처럼 최근에는 다양성 요인을 가진 사람에게 다른 지원을 하기 위한 조직 내 연구와 제도가 활발하게 제안되고 있습니다.

공평한 라인에 서 있는 구성원이 하나로 '포용되고 있다'는 것을 느끼도록 관리하는 포용성 활동도 있습니다. 포용성은 개인이 지각하는 하나의 상태$_{state}$입니다. 즉 동일한 제도가 존재하더라도 개인마다 지각하는 정도가 다르다는 것입니다. 그러므로 조직은 구성원이 다양성과 공정한 제도에서 포용성을 느끼는지 지속적으로 측정하고 관리해야 합니다. 앞서 소개한 어니스트앤영EY은 매년 D&I 트랙커라는 진단을 통해 지역, 성별, 출신 등에 따라서 수치가 어떻게 변화하는지 관리하고 결과치를 리더 평가에 연동하고 있습니다.

최근에는 다양성, 공정성, 포용성 정도를 지각 데이터와 다양한 행동 데이터로 측정하려고 시도하고 있습니다. 복지 플랫폼 바임포인트vimepoint는 구성원 간 복지 포인트를 주고받을 수 있게 함으로써 조직문화를 바꾸는 시도를 하고 있고 관련 활동으로 발생하는 데이터를 조직 내 다양성, 공정성, 포용성을 행동 데이터로써 측정하고 있습니다.[4] 가령 구성원 간에 포인트를 주고받는 활동이 공정하게 진행되는지를 측정하고 다양한 조직 간에 소통하고 심리적 안전감을 느낄 수 있는지 등을 거래 데이터로 평가할 수 있습니다.

왜 구성원의 몰입이 아니라 번영을 추구해야 하는가
◇◇◇◇◇

2022년 6월 22일 마이크로소프트가 『하버드 비즈니스 리뷰』에 발표한 「왜 마이크로소프트는 몰입이 아니라 구성원의 번영을 측정하는가?」에서 포용성이 중요함을 엿볼 수 있습니다. 마이크로소프트 역시 구성원의 가치관과 삶의 방식이 코로나19 이후 크게 바뀌었고 단순히 몰입이 아니라 '의미 있는 일을 할 수 있도록 얼마나 에너지가 넘치고 임파워먼트가 되었는지', 즉 번영을 측정하고 관리한다는 것입니다. 흥미로운 것은 구성원이 자신이 번영하고 있다고 느낄수록 결국 조직 내 포용성을 높게 느끼게 된다는 것입니다. 이처럼 포용성을 느낄 수 있도록 다양한 조직에서 여러 활동과 관련된 측정 활동을 하고 있습니다.

 CEO와 리더는 이처럼 강조되는 DEIB를 조직에 도입하고 정착시키기 위해 무엇을 해야 할까요? 전략에서 강조하는 차별화는 결국 타사 제품·서비스와는 다른 가치를 자사에서 제공하는 것을 의미합니다. 그렇다면 구성원을 차별화한다는 것은 개인이 가진 다양성 요소를 최대한 강점으로 살려서 극대화할 수 있도록 관리함을 뜻합니다. 그러기 위해서 리더는 개인이 가진 강점을 인정하고 인식할 수 있도록 인사부서와 협업해야 하며 개인 역량이나 성격 등의 강점을 살린 직무 배치와 역할 부여 역시 중요하다고 할 수 있습니다. 다양성이 다른 것에서 더 나아가 강점이 될 수 있다는 리더의 인식 전환이 필요합니다.

 더불어 높아지는 투명성 이슈에 대응해야 합니다. 2022년 6월 구글이 직원들과의 소송에서 패소한 사건이 있었습니다. 남녀 차이에 따라 급여가 불공정하게 달라서 벌어진 일이었습니다.[5] 2023년 기준 캘리포니아주의 모든 기업은 조직 내 급여 정보를 공개해야 하는 상황입니다. 급여 투명성을 시작으로 조직 내 정보 공유 및 공개에 대한 압력이 앞으로 더욱 높아질 것입니다. 국내 기업의 성별 급여 차이 문제뿐만 아니라 채용 도구의 간접 차별은 최근 여러 회사에서 다루어지는 주제이며 본격적으로 이에 대한 구성원들의 요구가 생긴다면 이에 대응하기 위한 선행적 연구와 제도에 대한 고민이 필요할 것입니다. 즉 우리는 얼마나 투명하게 오픈할 수 있는지와 준비되어 있는지에 대한 성찰과 질문이 필요합니다.

   DEIB 분야 실무자와 연구자에게 '다양성은 양날의 검 diversity is a double edged sword'이란 말은 익숙한 표현입니다. 다양성이 조직 내 혁신과 창의성을 높여주는 만큼 조직 내 갈등과 부작용을 고려했을 때 해로움도 끼칠 수 있다는 표현입니다. 그러나 대퇴사·대전환 시대를 필두로 한 구성원의 유지와 번영이 강조되고 개인 가치의 추구가 중요해지는 시점에서 DEIB는 조직과 리더가 필수로 갈고닦아야 할 검으로 생각해야 할 것입니다. DEIB가 준비된 조직이 미래 경쟁력과 인적자본에서 우위를 가질 것임을 확신합니다.

3.

곧 다가올 고령화 시대를 준비하자

 고령화는 생활 수준의 향상과 의료기술의 발달에 따라 인구 구성이 근본적으로 바뀌는 현상으로 전 세계가 공통으로 겪고 있습니다. 특히 우리나라는 다른 국가에서 그 전례를 찾아보기 힘들 정도로 압축적인 고령화를 경험하게 될 것이라는 예측이 많아서 큰 부담이 될 것으로 예상됩니다. 급속한 인구 고령화는 다양한 사회 문제를 낳는데, 특히 기업 측면에서 볼 때 여러 가지 심각한 이슈가 생깁니다. 고위직급과 고연령층의 증가로 인해서 생산성 저하, 인건비 증가, 인사 적체와 조직의 활력 저하 등의 문제가 일어나며 조직 내 세대 간 갈등이 더욱 첨예하게 발생할 가능성이 큽니다. 그 주요 원인 중 하나는 신세대 인력이 갖고 있는 고령 인력에 대한 선입견으로부터 기인합니다.
 고령 인력의 인지적 기능에 관한 연구는 많은 선행 분석에 잘 정리되어 있습니다. 하지만 고령 인력의 인지적 기능에 대한 인식은 부정적인 결과가 대부분입니다. 조직 내 젊은 직원들은 고령 인력이 덜 생산적이라고 인식하고 있으며 새로운 기술을 배우는 데 의지가 약하고 유연하지 못하다고 생각합니다. 그러나 연령과 성과에 대한 많은 관계성 연구에서 큰 관련이 없다고 밝히고 있습니다. 오히려 인적자본 이론human capital theory을 기반으로 하여 연령과 성과는 긍정적 관계가 있다는 주장이 제기됩니다. 생산성은 인적자본의 함수이며 연령이 증가할수록 인적자본이 축적되어 더 많은 생산성을 기대할 수 있다는 것입니다.

한 연구에 따르면 고령 인력은 더 많은 경험을 통해 경험적 창의성이 생길 수 있다고 합니다.[6] 오히려 특정 조직에서 오랫동안 근무하며 축적된 지식은 타인에게 쉽게 전해지기 어려운 기업 특수적 인적자본과 같으므로 주요한 자산과 같다고 인정받기도 합니다. 또한 고령 인력은 조직에서 비생산적인 작업 행동을 줄이고 긍정적인 직무 태도를 보입니다. 그리고 연령이 증가함에 따라서 신체의 전반적인 기능은 떨어지게 되지만 자신이 잘 수행할 수 있는 과업과 그렇지 못한 과업을 잘 구분하여 잘하는 과업을 선택하고 최적화하는 전략을 취할 수 있습니다. 따라서 고령 인력이 갖는 부정적 영향은 긍정적 요소와 상쇄되어 생각보다 크지 않습니다.

왜 젊은 인력은 고령 인력을 부정적으로 보는가

◇◇◇◇◇

그럼에도 불구하고 구성원들은 지속적으로 고령 인력의 생산성에 대해서 부정적으로 인식하고 있습니다. 고령 인력은 완고하고 생산성이 낮으며 새로운 기술 습득을 꺼려 하고 덜 창의적이며 교육받기를 꺼리는 특성이 있다고 인식합니다. 고용주나 관리자들은 고령 인력을 신기술 사용 능력이 낮고 변화에 대한 적응력이 낮고 젊은 상사와의 상호작용 등에서 취약한 면을 보이고 있다고 평가합니다. 또한 고령화가 진행되고 육체적이고 정신적인 능력이 떨어짐에 따라 성과를 달성하는 속도 역시 낮아지게 되고 승진 시에는 연령이 많은 인력이 더 많은 기회를 얻게 되므로 젊은 직원들은 나이 많은 직원들에게 차별받고 있다고 인지합니다.

고령 인력과 그들의 기능성에 대한 인식은 연구에 따라서 그 결과가 혼재되어 나타나고 있습니다. 그러나 조직에서 지속적으로 고령 인력의 유입이 증가하는 것은 전 세계적인 공통 현상입니다. 그러다 보니 조직 내 연령 다양성과 여러 가지 현상이 관심을 가져야 할 문제로 떠오를 것입니다. 특히 조직 내 고령 인력에 대한 부정적 인식은 서구적 맥락보다 한국 맥락에서 더욱 강하게 나타날 수 있습니다. 그러므로 구성원들이 고령 인력에 대해서 어떻게 인식하는지는 조직과 인사관리에 큰 과제입니다.

구성원들이 연령에 따라 서로 구분되고 배타적인 이유가 무엇일까요? 이미 독자분들도 잘 아시는 대로 사회적 현상의 원인을 알기 위해서는 기존 이론을 탐구하면 많은 도움이 됩니다. 다양성 이슈를 논의하는 데 많이 활용하는 이론이 바로 '사회 정체성 이론'입니다. 사회 정체성 이론은 집단 간 관계를 다루는 일반 이론으로 많이 활용되고 있습니다. 사회 정체성 이론은 자아 개념과 자신이 속한 사회 집단 간의 구조와 기능을 설명하는 이론입니다. 이에 따르면 자아 개념은 개인 정체성과 사회 정체성으로 나뉘고 집단 멤버십은 자아 개념과 자존심에 영향을 미치므로 개인은 내집단을 편애하고 외집단에는 불이익을 주면서 긍정적 정체성을 유지하려 합니다.

타즈펠(1978)에 따르면 사회 정체성은 집단 멤버십에 대한 지식과 그 멤버십의 가치와 정서적 중요성에서 나오는 개인적 자아 개념의 일부입니다.[7] 사회 정체성은 다음과 같이 3가지 요인으로 구분됩니다.

① 인지적 인식으로서 자기범주화
② 정서적 소속감으로서 정서적 몰입
③ 멤버십에 대한 가치로서 집단 자존심

우선 인지적으로 내집단과 외집단을 구분하고 정서적으로 내집단에 애착이 되며 더욱 많은 가치를 두게 됩니다. 이러한 측면에서 사회 정체성 이론은 집단 간 차이와 갈등을 설명하는 데 많이 활용됩니다. 남녀 간의 차이와 갈등에 관해 성별 사회 정체성 이론으로 연구한 사례가 있으며 사회 집단 간 문제를 설명한 연구도 진행된 바가 있습니다.

구체적으로 사회 정체성 이론은 조직 내 다양성 이슈를 설명하는 데 활용되기도 합니다. 라키(1996)는 조직 내 다양성을 바라보는 관점에서 인종, 성별, 연령 등 눈에 보이는 가시적 차이에 더해서 타 집단과의 관계에서 비롯되는 집단 구성원 간의 정체성 차이로 다양성을 설명합니다.[8] 이는 주어진 문화 속에서 구성원들이 공통적인 세계관과 행동의 뿌리가 되는 상징, 가치관, 규범을 공유한다는 기본적인 가정에 기초하고 있으며 공유된 세계관과 행동으로 인해서 집단 구성원 간에 소속감이 생겨납니다. 이에 따라 내집단은 포용하는 반면에 외집단은 배제하는 행동을 보입니다.

조직 내 배타성이 크면 이직률이 높아진다

◇◇◇◇◇

조직 내 배타성으로 인해 생기는 가장 큰 문제가 바로 이직입니다. 사람들은 자신을 타인과 다른 독특하고 긍정적인 정체성을 지닌 의미 있는 사회 집단으로 분류하려는 경향이 있습니다. 그러므로 자신들의 정체성 집단인 내집단과 외집단을 일정 속성(성별, 연령, 인종, 사회적 배경 등)을 이용해서 구분 짓고 상호 비교해서 내집단에는 이익을 주고 외집단은 배제하는 행동 방식을 채택하게 됩니다. 즉 내집단은 편애하고 외집단 구성원에게는 불이익을 주는 행동을 통해서 본인 집단에 대한 긍정적인 사회 정체성을 유지하려고 합니다.

사람들은 일반적으로 자신이 다른 구성원들과 유사한지 다른지를 판단하기 위해 동료의 속성과 자신의 속성을 비교하려고 합니다. 더불어 자신을 타인과 구분 지어 특정한 사회적 범주로 집단화함으로써 자기 정체성을 유지하고자 하는 심리적 경향이 있습니다. 그렇기 때문에 조직 내 행동적 측면에서 개인은 본인과 비슷한 속성을 지닌 내집단에는 최대한 포용적인 반면에 외집단은 비교적 덜 협조적이고 덜 신뢰하게 됩니다. 윌리엄스와 오라일리(1998)는 조직 내에서 이러한 집단 간 구분으로 인해서 소속 집단에 대한 만족도 감소, 집단 간 의사소통 감소, 협업 감소와 이직률 증가 등의 문제를 일으키는 것으로 밝혔습니다.[9] 또한 팀 내 연령이 다양할수록 의사소통 빈도가 낮아지고 이직률이 높아집니다. 조직 내 고령 인력이 증가하면 자연스럽게 집단 간 구분이 강화될 가능성이 크고 개인의 의사소통 감소와 이직 의도 증가 등의 부정적 행동으로 이어질 가능성이 크다는 것입니다.

조직 내 다양성이 증가함에 따라 집단 간 구분이 강화되면 집단 구성원들은 상호 간에 포용과 배제를 인식하게 됩니다. 즉 조직의 중요한 부분으로서 인식되는지를 연속선으로 개념화한 것이 '포용-배제 접근'입니다. 이러한 측면에서 서로 다른 정체성을 가진 집단에 대해서 상호 간에 의도적으로 정보와 기회를 공유하지 않고 하나의 구성원으로서 인식하지 않는다면 지속적으로 부정적 행동을 가져오게 될 것입니다. 특히 연령이나 성별 등과 같은 사회적 구분은 조직 내에서 사회 정체성 구분에 큰 영향력을 미칩니다. 구성원들은 사회 정체성 구분에 영향을 미치는 집단 멤버십을 강화하기 위해 유사한 특성을 가진 사람들과는 친해지는 반면에 외집단과 지속적으로 갈등이 발생해서 결국엔 이직 가능성이 높아질 수 있습니다.

조직 몰입의 선행 요인은 조직 동일시이다

◇◇◇◇◇

조직 내 배타성으로 생기는 젊은 인력과 고령 인력의 이직을 줄이기 위해서 리더와 인사부서는 조직문화와 인사제도 면에서 고민을 많이 합니다. 구성원의 성과를 높이면서 이직을 줄이는 방안으로 많이 논의되는 게 바로 조직 몰입organizational commitment이란 개념입니다. 사회 정체성 이론에 따르면 사람들은 자신과 타인을 집단 멤버십, 종교, 성, 연령과 같은 사회적 범주들에 의해 분류하려는 경향이 있습니다. 이러한 사회적 분류가 갖는 기능 중 하나는 개인은 사회 범주화를 통해서 사회적 환경 속에 자신의 위치를 정의하고 소속된 조직과 동일시한다는 것입니다. 개인이 소속 조직에 대해 애착을 발달시키는 역할을 하는 인지적 구성 개념으로 생각할 수 있습니다.

포용성은 개인을 조직의 일원으로 간주하고 조직 내에서 개인의 고유함을 허용하고 장려하려는 것으로 소속감과 고유함에 대한 가치 인식이 높은 상태를 의미합니다. 그러므로 포용성이 높은 구성원은 다른 특성을 가진 구성원을 조직의 한 구성원으로 인식하려고 할 것입니다. 이러한 맥락에서 하나의 특성에 따라서 내집단과 외집단을 구분하여 서로 배제하는 개인보다 하나의 집단으로 포용하려는 개인은 소속 집단에 대해서 더욱 높은 소속감을 느끼고 있을 것으로 추론할 수 있습니다. 조직에 대한 높은 소속감은 조직 동일시와 조직 몰입 등으로 설명될 수 있습니다. 조직 동일시는 조직 몰입의 선행 요인임이 메타 분석 등을 통해서 밝혀진 바 있습니다. 조직 몰입이 높은 사람이 낮은 사람보다 더 높은 성과를 내기 때문에 조직 유효성을 나타내는 변수로 자주 활용됩니다.

구성원이 소속된 조직에 애착을 두고 본인과 동일시하게 되면 조직 내 업무 수행에서 성과 향상에 부정적 영향을 주는 부분들은 자연스럽게 감소됩니다. 그러한 측면에서 조직 몰입은 이직에 가장 큰 영향을 미치는 원인입니다. 해외의 이직 의도와 관련된 기존 분석 결과를 모두 합친 메타 연구에 따르면 조직 몰입, 직무 만족, 자율성 등이 이직 의도의 선행 요인으로 나타났습니다.[10] 국내 메타 연구에서도 조직 몰입과 이직 의도 사이에 부적상관이 입증된 바 있습니다.[11] 더불어 국내 직장인 1,767명을 대상으로 한 연구에 따르면 정서적 몰입과 이직 의도 사이에 강한 부적상관 관계가 보고된 바 있습니다.

조직과 인사부서가 조직 몰입을 높이기 위해 적극적으로 노력하는 만큼 개인이 연령을 포함한 다양성에 대해서 긍정적으로 인식하는 것도 중요합니다. 이를 다양성 가치diversity value라고 합니다. 가치는 개인이 가진 정서적 반응이나 행동에 큰 영향을 끼칠 수 있고 욕구를 충족하기 위해 추구하는 대상입니다. 가치는 무엇을 바람직하게 생각하는가와 관련이 있으며 개인 행동 등에 영향을 끼칩니다. 그러므로 구성원이 무엇을 가치 있게 생각하는지는 조직에서 내리는 여러 가지 의사결정과도 관련이 깊습니다. 높은 수준의 다양성 풍토를 가진 조직에서 근무하는 개인이 다양성을 중요 가치로 갖고 있으면 개인과 조직 간에 상호작용이 발생하여 조직에 대한 정서적 몰입이 증가하기도 합니다. 개인이 다양성에 얼마큼 중요성을 갖는가를 뜻하는 다양성 가치는 정서적 몰입, 조직 정체성, 이직 의도 수준의 조절변수로서 기능할 수 있음이 밝혀졌습니다. 더불어 구성원이 다양성에 대해서 긍정적으로 인식하면 더욱더 창의적으로 시도할 가능성이 큰 것으로 드러났습니다.

개인의 다양성에 높은 가치를 둘수록 정서적 몰입이 높아진다

◇◇◇◇◇

필자는 국내 조직 내 고령 인력에 대한 인식, 이직의 관계, 그리고 관계를 긍정적으로 만들기 위한 요소로 정서적 몰입과 개인의 다양성 가치를 설정하고 연구를 진행한 바 있습니다. 국내 약 6만 명이 근무하는 F사 320명을 대상으로 했습니다. 대리급부터 부장급까지 직급이 다양했고 20대에서 50대까지 연령층도 넓었습니다.

우선 고령 인력에 대해 부정적으로 생각하는 인력의 이직 의도는 통계적으로 유의할 정도로 높았습니다. 즉 고령 인력과 함께 근무하는 구성원은 조직 내 불만족이 높고 그로 인해 향후 이직할 확률이 높음을 추론할 수 있었습니다. 다음으로 고령 인력에 대한 포용성이 낮은 인력(고령 인력과 함께 근무하는 것이 불편한 구성원)이 조직에 정서적으로 애착을 느낄 때는 이직 의도가 낮은 것을 확인할 수 있었습니다. 고령 인력과 함께 근무하는 것이 불편하지만 조직, 리더, 인사부서에서 구성원이 정서적으로 하나라고 느끼게 하고 일체감을 느끼게 한다면 이직 의도가 낮아진다는 것입니다. 마지막으로 개인이 다양성에 높은 가치를 둘수록 정서적 몰입이 높아졌습니다. 즉 고령 인력을 부정적으로 인식하는 구성원이 다양성을 중요하게 생각한다면 조직에 대한 애착감에 긍정적인 영향을 준다는 말입니다.

우리 사회는 생산가능인구가 감소하고 조직 내 고령 인력이 아주 빠른 속도로 증가할 것입니다. 그에 따라 조직 내 심층적·표면적 다양성도 늘어날 것이고 구성원 간 갈등도 심해질 것입니다. 이를 해결할 방법으로 공정성과 포용성을 논의했습니다. 이번 글의 사례에서 국내 조직에서 고령 인력과 함께 근무하며 느끼는 불편함이 구성원의 이직과 관련이 있을 수 있음을 실증적으로 확인했습니다. 해결 방안으로는 조직에 정서적으로 하나가 됨을 느끼게 하고 개인의 다양성 가치를 고취함으로써 부정적 효과를 낮출 수 있음도 확인했습니다. 국내에서 다양성, 공정성, 포용성 이슈가 많이 다루어지지 않았기에 본 연구는 기존 사례와 데이터를 보여준다는 데 의미가 있습니다. 구성원이 조직에 긍정적 정서를 느낄 수 있도록 해야 하고 다양성 가치를 추구하는 것이 중요함을 리더와 인사부서에서 적극적으로 알리고 구성원의 개발 활동을 도와야 할 것입니다.

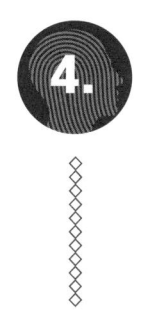

ESG 기준으로 직장생활도 바뀌게 된다

『노동의 종말』『육식의 종말』『소유의 종말』 등 종말 시리즈로 유명한 제러미 리프킨 Jeremy Rifkin은 미국의 미래학자이자 이론가이며 작가입니다. 그는 『엔트로피』란 책으로도 우리에게 잘 알려져 있습니다. 최근 이 책이 재개정되어 국내에도 출판되었고 ESG 열풍을 타고 다시금 큰 관심을 받고 있습니다. 엔트로피entropy를 열역학적으로 설명하면 다시 원래 상태로 돌아갈 수 없게 되는 현상이자 상태를 의미합니다. 제러미 리프킨은 책에서 엔트로피를 무질서도라고 표현하기도 했습니다.

직장생활과 ESG는 직접적으로 무슨 관계가 있는가

그렇다면 엔트로피와 ESG는 무슨 관련이 있어서 최근 더욱 관심을 받고 있을까요? 엔트로피에 따르면 우주의 무질서도는 계속해서 증가하고 에너지 역시 사용 가능한 것에서 불가능한 방향으로 움직인다는 것입니다. 이 지점에서 ESG와 엔트로피의 접점이 생깁니다. 우리가 사는 지구는 유한합니다. 그런데 우리는 지금까지 무한한 듯 지구를 사용해왔습니다.

최근 코로나19 팬데믹과 인종주의 반대 사회운동인 블랙 라이브스 매터BLM, Black Lives Matter는 우리가 지속가능성에 관심을 갖게 해준 계기였습니다. 코로나19로 우리 삶이 잠시 멈춘 적이 있었습니다. 전 세계적으로 이동이 멈추고 비행기, 자동차, 버스까지 이동이 크게 줄면서 전례 없이 미세먼지가 적은 맑은 하늘을 경험했습니다. 직접적으로는 기후 온난화로 인해 코로나19라는 전염병이 전 세계에 전파될 확률이 통계적으로 유의할 정도로 증가했습니다. 코로나19는 우리가 살아가는 방식이 지구와 인류의 지속가능성에 악영향을 끼침을 체감하게 했습니다.

미국에서 2021년 시작된 블랙 라이브스 매터BLM는 흑인 목숨도 소중하다는 의미로 전 세계 30개국에서 진행된 인권운동입니다. 미국 내 인종 갈등은 아주 오래된 역사를 갖고 있습니다. 블랙 라이브스 매터BLM로 인해 잠시 억눌려 있던 인종 갈등 문제가 다시 불거졌고, 공존하며 살아가기 위해서 해결해야 할 문제임을 깨닫게 됐습니다. 코로나19와 블랙 라이브스 매터BLM는 인류에게 지속가능성을 생각하게 하는 중요한 계기가 되었습니다. 그런데 우리 직장생활과 ESG는 직접적으로 어떤 관계가 있을까요?

조직에 직접적으로 ESG 이슈가 미친 영향을 살펴보겠습니다. 엑슨모빌은 미국을 대표하는 석유기업입니다. 1999년 엑슨이 모빌을 흡수합병하며 세계 최대 석유기업이 되었으며 이후 미국 다우존스지수에 편입되었습니다. 다우존스지수는 미국을 대표하는 30개 우량 기업의 주가 수익률 산술 평균을 사용하고 오랜 역사 동안 미국 증시 흐름을 대표하는 수치로 활용되었습니다. 그렇기 때문에 다우존스지수에 포함된 회사는 미국을 대표한다는 상징성도 갖고 있죠. 그러나 2020년 8월 엑슨모빌이 다우존스지수에서 퇴출됩니다. 무슨 일이 벌어진 것일까요?

여러 이유가 있지만 가장 직접적 원인은 바로 엑슨모빌 주주들이 요구한 친환경적 활동을 무시하면서 주가가 폭락한 데 있습니다. 엑슨모빌은 석유를 채굴하고 정제하는 과정에서 엄청난 양의 온실가스를 배출합니다. 이에 주주들이 주주총회에서 온실가스 배출 감축을 결의하려 했지만 엑슨모빌이 반대하면서 무산되었죠. 투자자들은 엑슨모빌을 환경에 유해한 기업으로 보고 주식을 내던졌고 이에 90달러 하던 주가가 2020년 11월 38달러까지 주저앉았습니다. 92년 만에 다우존스지수에서 퇴출된 사건은 석유산업의 종말을 고한 일로도 유명합니다.

2021년 11월에 우리나라에서도 유사한 일이 벌어졌습니다. 네덜란드 공적연금운용공사APG는 821조 원가량 자금을 운용하는 공기관인데 한국전력 지분 800억 원가량을 갑자기 처분했습니다. 공적연금운용공사APG는 한국전력이 외부적으로는 ESG 경영을 천명했는데도 지속적으로 인도네시아와 베트남에 화력발전소를 짓고 사업을 확장해가자 탄소배출에 대한 진정성을 의심하고 지분을 매각한 것입니다. 영국 국가퇴직연금신탁NEST 역시 한국전력 투자를

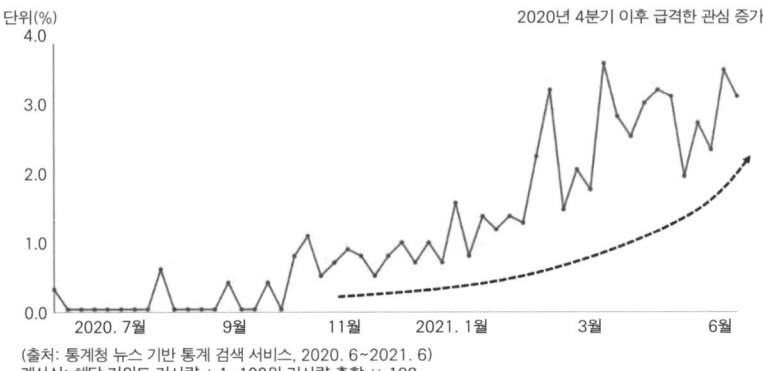

ESG 기사 검색량 변화 추이

(출처: 통계청 뉴스 기반 통계 검색 서비스, 2020. 6~2021. 6)
계산식: 해당 키워드 기사량 ÷ 1~100위 기사량 총합 × 100

철회했습니다. 이제 더 이상 조직 전략에 ESG와 지속가능성이 빠질 수 없음을 보여주는 사건이라고 할 수 있습니다.

지난 2020년 4분기 이후로 ESG 기반 뉴스가 엄청나게 증가했으며 대중의 관심 역시 높습니다. ESG는 환경environmental, 사회social, 지배구조governance의 머리글자를 딴 단어로 기업의 지속가능성이 얼마나 발전했는지를 평가하는 것을 말합니다. ESG에 기업과 대중의 관심이 높아진 데는 여러 이유가 있겠지만 무엇보다 기업의 존재 목적에 대한 성찰이 가장 큰 원인이었습니다.

기업의 목적은 '돈'이 아니라 '포용적 번영'이다

◇◇◇◇◇

오랫동안 우리는 기업은 돈을 벌기 위해 존재한다고 생각했습니다. 주식회사의 지상 과제는 매출과 이익을 최대한 내서 주주이익을 늘리는 것입니다. 그러나 2019년 애플, 아마존, JP모건 등 181

개 미국 기업 대표이사가 참여한 비즈니스라운드테이블$_{BRT}$에서 기업의 목적은 '포용적 번영$_{inclusive\ prosperity}$'임을 재차 강조했습니다. 단순한 눈앞의 이익이나 주주 이익의 극대화를 뛰어넘어 고객, 근로자, 납품업체, 커뮤니티 등 모든 이해당사자에 대한 사회적 책임을 강조했다는 것입니다.

　기업의 사회적 책임을 강조하는 주장은 1954년 피터 드러커의 저서 『경영의 실제』에 이미 소개되었습니다. 피터 드러커는 시어즈와 AT&T의 성공 사례를 상세하게 소개하며 목표 기반 경영$_{MBO,\ management\ by\ objectives}$을 제시했습니다. 또한 기업 경영의 3가지 측면으로 '고객의 창조' '인간적 기관' '사회적 기관'을 강조했습니다. 즉 기업은 고객에게 가치를 창조하기 위해 존재하고, 사람을 생산적 존재로 만들기 위해 존재하고, 사회와 공동체의 공익을 위해 존재한다는 것입니다. 70년 전에 주장한 기업의 사회적 목적이 오랫동안 잊혀졌다가 최근 다시 관심을 받기 시작한 것입니다.

　2016년 6월 30센티미터 이상 상승한 해수면으로 인해 아파트 저층부 구조물이 부식되는 바람에 미국 마이애미주의 한 아파트가 붕괴하며 수많은 사상자를 냈습니다. 2020년 9월 캘리포니아주에 산불이 나 서울 면적의 9배 규모가 사라지고 최소 200억 달러 피해액이 발생했으며 시베리아에 38도 폭염이 오며 지구 해수면이 높아져 온난화 문제를 더욱 빠르게 체감하게 했습니다. 기간 시설이 파괴되고 원자재 가격이 급등하고 공급사슬이 바뀌고 무역량이 감소하며 금융위기로 이어졌습니다. 대형 부동산 투자 회사들은 기후 위험을 수치화하여 투자 결정의 잣대로 삼기 시작했고 IMF는

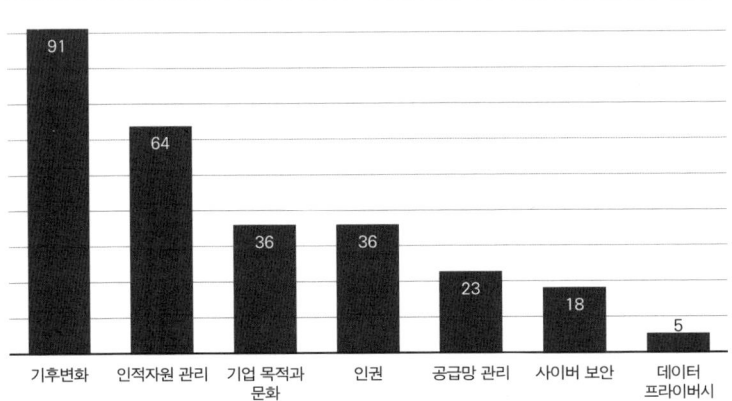

제조업과 농업에 특화된 낙후지역의 노동생산성이 2~3% 떨어질 것으로 예측했습니다. 이처럼 기후변화가 경제에 미치는 직접적 영향이 밝혀지며 우리가 속한 조직에서도 적극적으로 빠르게 대처하게 된 것입니다.

기업은 환경문제뿐만 아니라 사회적 이슈에도 ESG의 하나로 관심을 쏟고 있습니다. 하버드대학교 로스쿨의 기업지배구조 포럼에서 글로벌 기관투자자를 대상으로 한 설문조사 결과 기후변화에 이어 인적자본 관리, 기업 목적과 조직문화, 인권, 공급망 관리, 사이버 보안과 데이터 프라이버시가 지속경영의 중요한 과제로 뽑혔습니다.[12] 그중에서도 인적자본은 투자자가 ESG 측면에서 투자 여부를 결정할 때 좋은 인재들이 지속적으로 역량을 강화하고 발휘할 수 있는 문화를 가졌는지를 판단하는 기준이 됩니다.

지배구조(G) 측면에서도 CEO 선발과 육성이 국내 기업에서 더욱 주목받고 있습니다. 재벌이란 독특한 기업구조를 가진 우리나라에 해외 투자사들은 ESG의 지배구조(G) 활동으로 투명한 CEO 선임을 요청하고 있습니다. 삼성전자는 매년 임원 자격검증을 통해 대표이사 후보군을 선정하고 1~2년 내 즉시 보임이 가능한 '즉시 전력 Ready now 후보군'과 육성 후 3~5년 이후 보임이 가능한 '추후 전력 Ready later 후보군'으로 분리해서 경영진 후보를 선출하고 그 과정을 공개했습니다. SK 역시 CEO 후보 추천, 평가, 보상까지 이사회에서 개입해서 관리하고 있으며 기업의 중장기 성장 전략 수립에도 영향을 미치고 있습니다. 이처럼 CEO 선임과 이사회 역할의 강조가 우리나라 기업에서 주목하는 대표적인 지배구조 이슈입니다.

ESG는 기업가치와 성과 향상에 도움이 된다

여기서 풀리지 않는 의문은 ESG를 적극적으로 실천하면 기업 가치와 성과 향상에 도움이 되는가입니다. 클라크 연구팀(2015)이 조사한 바에 따르면 ESG의 성공적 실천은 자본 조달 비용을 낮추고 영업성과를 높이며 주가 수익률에 긍정적 영향을 주는 것으로 확인되었습니다.[13] 국내 연구로 2021년 9월 28일 ESG 평가업체인 서스틴베스트는 ESG 종합성과가 1년 후 기업 수익성에 유의미한 양(+)의 영향을 미침을 밝혀냈고 투자 수익률도 높다는 것을 확인했습니다. 더불어 기업가치를 형성하는 비재무적 가치로서 ESG 경영은 기업 이미지를 높이고 MZ세대를 중심으로 한 착한 소비에

소니의 지속가능경영

가치사슬에 요구
부품 공급업체나 제조 위탁처에게 환경 영향을 줄이기 위한 노력을 요구합니다.

소니 그룹의 대응을 강화
소비전력과 온실가스 배출량 줄이기, 재생에너지 활용 등 다양한 분야에서 대응을 강화합니다.

사회·고객의 계통
엔터테이먼트 사업으로 전 세계 20억 명 이상을 대상으로 지속가능성의 과제를 계발하고, 행동을 촉구합니다.

영향을 받아 매출 향상에 기여할 것으로 보고 있습니다.

소니는 지속가능경영을 통해 사업을 다시금 전환한 대표적 사례입니다. 2020년 『월스트리트저널』의 지속가능경영 랭킹 1위를 하며 다시금 주목받았습니다. 소니는 기업의 의사결정 구조, 지속가능경영 행동강령, 경영시스템을 통합했으며 재활용 원재료 사용, 제품 경량화, 재활용 포장재, 저전력 디자인 제품을 통해 지속가능성을 실현했습니다. 더 나아가 저시력자, 노인, 장애인을 위한 인간중심 디자인을 통해 지속가능경영의 진정한 의미와 실천 사례를 보여줍니다.

유니레버는 오랫동안 ESG 기업을 대표한 곳입니다. 유니레버는 지속가능경영과 관련된 전 세계 전문가가 가장 신뢰하는 '2020년 지속가능경영 대표 회사 리스트The 2020 Sustainability Leaders'에서 2013년부터 7년간 1위를 할 정도로 지속가능경영의 대표 주자였습니다. 유니레버는 사업과 공급사슬 전반에 구성원이 참여해 의견을 낼 수 있는 구조와 최고경영진 조직이 ESG를 추진할 수 있는 조직구조를 만들었으며 73개 세부 과제별로 정량화된 목표를 설정하고 추진하는 데이터 기반 목표관리를 실행하기도 했습니다.

그러나 최근 립톤을 비롯한 차 사업부문(에카테라)을 매각하는 과정에서 케냐 농장의 노동자 인권 문제가 불거지면서 매각에 난항을 겪고 있습니다. 유니레버의 비즈니스 모델의 실태가 드러나며 ESG 경영에 타격을 입은 것입니다. 이처럼 ESG 경영은 기업 성과에 긍정적 영향도 주지만 그에 못지않은 책임 이슈도 동시에 짊어지게 합니다.

지금까지 살펴본 ESG에 관심을 가지는 주요 이슈와 해외 사례는 현재 우리 직장에 몰아치는 높은 ESG 광풍의 근원지를 아는 데 도움이 될 수 있을 것입니다. ESG는 단순히 환경 친화 활동에 그치지 않고 인적자본, 조직문화, CEO 선임까지 직장생활에 구체적 영향을 미치고 있습니다. 앞으로 더욱 직장생활과 조직의 전략에 큰 영향을 미칠 것입니다. 다음 글에서는 구체적으로 어떤 관련성이 있는지 알아보겠습니다.

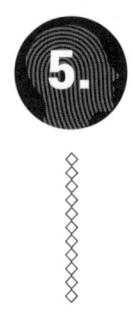

ESG가 인사에 중요한 영향을 미친다

ESG에 대한 높은 관심이 국내뿐만 아니라 전 세계적으로 경영 활동에 큰 영향을 미치고 있습니다. 왜 갑자기 ESG에 관심이 이토록 높아진 것일까요? 복합적인 이유가 있겠지만 대표적으로 미국 바이든 정부의 그린뉴딜 정책과 세계 최대 자산운용사 블랙록의 래리 핑크Larry Fink 회장의 ESG에 대한 전폭적 관심과 강조가 있습니다. 바이든 정부는 경제를 다시 부양하기 위해서 그린뉴딜 정책을 대대적으로 펼치며 친환경 산업(전기차 배터리, 태양광 등)에 엄청난 세제 혜택을 주는 동시에 석탄과 석유 산업 등에는 강한 제재를 가하고 있습니다. 친환경 에너지 기반으로 공장, 건물, 자동차 등이 바뀌면서 산업 전반의 기반시설뿐만 아니라 이동 수단까지 변하고 있습니다. 그러면서 새로운 일자리와 경제 활성화가 필수적으로 따라오게 됐습니다.

블랙록은 전 세계적으로 1경 원 이상을 운용하는 투자사로 우리나라 주요 금융사에 2대 주주로 올라 있으며 삼성전자와 하이닉스의 3대 주주로 권한을 행사하고 있습니다. 또한 스탠더드앤드푸어스 500 기업에 평균 7% 이상 지분을 소유하고 있으므로 기업들이 귀기울여야 함은 당연합니다. 래리 핑크는 2021년 연례 서한을 통해 직접적으로 기업들에 기후변화에 적극적으로 대응하고 지배구조를 바꾸라고 요구했고 2022년에는 이해관계자 자본주의를 강조하며 기업의 장기적 성장을 위해서 ESG 활동이 필수적임을 강조했습니다. 바이든 정부와 블랙록을 시작으로 전 세계적 ESG 열풍이 가속되었습니다.

ESG는 인사부서와 구성원에게 어떤 변화를 요구하는가

◇◇◇◇◇

국내 기업들 역시 ESG 대응에 신속하게 나서고 있습니다. 대표 주자가 바로 SK그룹입니다. SK그룹은 더블 바텀 라인double bottom line이라는 개념 아래 경제적 가치뿐만 아니라 사회적 가치를 경영상 표방해야 할 목표로 강조했습니다. 즉 기업은 돈을 벌어야 할 뿐만 아니라 환경, 사회 등에 기여해야 함을 주요한 목적으로 가져야 한다고 이야기했습니다. SK그룹을 시작으로 현대자동차그룹 역시 RE100을 선언하면서 친환경 재생에너지로 경영 활동 전반을 운용한다고 천명했고 최근 삼성그룹도 그 대열에 합류했습니다. RE100은 기업 운용에 필요한 모든 에너지를 재생에너지로 쓴다는 개념 그대로 '엄청난' 도전입니다.

현재 SK그룹, 현대자동차그룹, 삼성그룹 등 다양한 조직에서

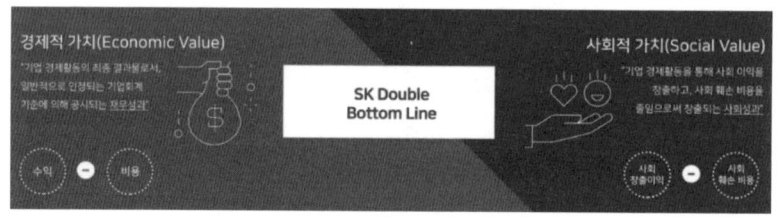

SK그룹의 더블 바텀 라인

ESG를 표방해야 할 목표를 넘어 경영 활동의 기반으로 두고 전략 수립에 매진하고 있습니다. 그렇다면 ESG는 인사부서와 구성원에게 어떤 변화를 요구할까요?

ESG 경영에서 다양성 이슈는 중요한 구성 요소다

◇◇◇◇◇

이번 글에서는 사회 측면에서 강조되는 다양성 이슈를 데이터로 이야기해볼까 합니다. 우리나라 역시 법적으로 성별, 인종, 문화, 장애 등 다양성 요인에 따라 차별하지 않고 채용해야 함을 정하고 있고 경영 활동에 적용하고 있습니다. 그뿐만 아니라 롯데그룹을 필두로 여러 기업이 다양성과 포용성을 주요 경영 활동 전략으로 설정하고 채용, 보상, 승진 등에 적용하고 있습니다. 어니스트앤영EY과 같은 세계적 기업은 지역별(아시아-태평양, 유럽 등)로 DEI 조직을 설립한 후 매년 전 세계적으로 DEI를 측정하여 경영 성과 기여도를 살펴보고 매년 수치의 개선 정도를 체크하며 리더의 성과 평가의 중요한 지표로도 활용합니다. 이처럼 ESG 경영에서 다양성 이슈는 중요한 구성 요소로 기능하고 있습니다.

그런데 국내 조직에서 다양성은 잘 관리되고 있을까요? BBC에 따르면 2018년 우리나라는 다양성 요인 포용지수 inclusion index가 조사대상 27개국 중 26위입니다. 이는 중국보다 낮은 수치며 우리나라보다 낮은 점수는 헝가리밖에 없습니다. 이처럼 우리 사회와 조직이 다양성을 포용한다는 것은 아직 갈 길이 멀다고 할 수 있습니다. 왜 우리나라는 다양성에 익숙하지 않을까요? 여러 이론과 사례로 설명할 수 있는데 대표적으로 슈나이더가 주장한 끌림-선발-퇴출 ASA 이론을 들 수 있습니다. 사람과 조직은 자신과 비슷한 특성을 가진 사람에게 끌리고 그런 사람을 선발하고 다른 특성을 가진 사람은 퇴출한다는 것입니다. 하나의 조직이 비슷한 특성(삼성은 스마트한 직장인, 현대차는 제조업 기반의 중년 인력 등)을 갖추었다고 표현합니다. 조직이 생겨나고 발전하면서 기존 인력과 비슷한 사람을 채용하고 다른 사람은 퇴출하는 사이클이 오랫동안 지속되었기 때문입니다.

구체적으로 데이터를 통해서 그 원리를 설명하겠습니다. 필자는 F사의 성격 진단 데이터 결과를 살펴본 적이 있습니다. F사는 채용 시 성격 진단과 인지능력 진단을 활용합니다. 이들 진단은 채용 과정의 2단계(1단계는 서류심사)에서 실시되며 여기에서 합격한 사람이 면접에 올라갑니다. 필자는 최종 합격한 사람들의 성격 진단 데이터 패턴을 살펴본 적이 있습니다. 그 결과는 흥미로웠습니다. 40개 이상 관계사에서 다양한 직무와 배경을 가진 사람들이 지원하여 최종 합격을 했을 텐데도 성격 패턴은 유사했습니다. 특히 개방성 openness to experience과 성실성 consciousness 요인은 합격자 간 일치도가 상당히 높게 나타났습니다. 이는 성격적 측면에서 2019년 입사자들은 상당히 비슷한 특성을 보인다는 것입니다. 물론 성격 진단 결과에서 하위 5% 인력을 걸렀기 때문에 이와 같은 현상이 더욱 두드러졌음에도 유사성이 매우 높은 편에 속했습니다.

왜 이런 일이 벌어졌을까요? 가장 대표적으로 3단계 면접에서 면접위원들이 본인들과 비슷한 사람들을 채용했던 것이 결정적 영향을 미쳤을 것입니다. 동일한 성격과 가치를 지닌 구성원으로 구성된 조직은 상대적으로 일사불란하게 소통이 가능하고 다양성 조직보다 갈등이 적을 것입니다. 반면 다양성 조직에서 서로 다른 사람들이 모여서 얻을 수 있는 새롭고 창의적인 사고, 상호 간 학습 등과 비교해서 한계가 있을 것입니다. 더불어 아직 성격 진단과 같이 드러나지 않은 요인이 차별discrimination 이슈로 부상되지는 않았지만 최근 채용 도구(인지 능력, 성격 요인, 면접 등)에서 간접 차별을 확인하고 이에 대한 차별 정도를 중요한 이슈로 다루는 연구도 등장하고 있으므로[14] 리더와 인사부서에서 관심을 가지고 살펴봐야 합니다.

ESG에서 중요하게 다루어질 사회(S, 조직 내 다양성 증진 및 차별 이슈 여부 등)와 지배구조(G, 이사회 멤버 및 CEO의 다양성 등) 측면의 다양성은 인사에서 직접 다루어야 할 이슈일 것입니다. 글로벌 기업들이 D&I 조직을 별도로 두고 있지만 아직 국내 기업은 인사부서에서 관련 이슈에 대응하는 추세입니다. 그러므로 조직 내 다양성 관리를 위한 다양한 지수를 관리하고 측정하고 진단해서 차별 이슈 등에 선제적으로 대응해야 할 것입니다. 더불어 다양성 이슈는 사회와 조직에서 매우 민감한 이슈이므로 논리적이고 감정적으로 대응하기보다는 향후에 데이터를 기반으로 한 규명이 해결책으로 대두될 것입니다. 그러므로 데이터 기반 인사 의사결정 측면에서 다양성 역시 중요하게 관심을 가져야 하지 않을까 하는 문제의식을 느끼게 됩니다.

6.
이제 윤리적인 조직을 만들어야 한다

앞선 글에서는 ESG 중 사회(S) 측면에서 다양성과 포용성에 대해 데이터와 사례로 살펴봤습니다. 사회 측면에서 다양성과 포용성은 직원 채용, 승진, 교육 등에 직접적으로 적용하기가 상대적으로 수월합니다. 즉 채용 시 소수자가 피해를 보지 않도록 정부 법률과 시행령에 따라서 채용 활동을 개선할 수 있고 승진 시에는 목표치를 세우고 그에 따른 세부 활동을 만들 수도 있습니다. 다양성과 포용성 인식 증진에 대한 교육 활동으로 워크숍을 진행하거나 온라인으로 교육 자료를 만들어서 배포할 수도 있습니다. 이처럼 다양성과 포용성은 실행 방법이 상대적으로 구체적이고 명시적입니다.

그러나 ESG 활동에서 명시적이지 않고 직접적 체감이 힘든 측면이 지배구조(G)입니다. 인사부서와 직접 관련 있는 지배구조 이슈는 CEO 선발과 육성, 이사회 구성의 여성 비율 등이 있습니다. 지배구조 측면에서 기업들이 주목하는 주제가 바로 윤리입니다.

기업은 어떤 윤리적 기준을 갖춰야 하는가

◇◇◇◇◇

과거 리먼브라더스 파산 사태 때 전 세계 기업들이 윤리에 관심을 가졌지만 이후 빠르게 열기가 식었습니다. 그러나 기업의 지속가능성에 대한 강조와 ESG를 필두로 한 청렴한 조직의 요구가 증가하면서 다시금 기업 윤리에 관심이 높아지고 있습니다. 다만 최근 기업 윤리는 단순히 '청렴한 조직'으로의 지향이 아니라 좀 더 구체적인 방향으로 가고 있습니다. 즉 기술의 발전에 따라 과거에는 잘 다루어지지 않았던 일하는 방식, 기술과 협업, 기술을 이용하는 방식에 대한 논의가 많아지고 있습니다. 특히 인공지능을 활용한 일의 성격, 데이터 활용, 의사결정 등 다양한 분야에서 윤리 고민을 하게 된 것입니다.

세계 최대 규모의 IT 제품 박람회인 2022년 국제전자제품박람회CES에서 정의선 회장은 현대자동차그룹에서 인수한 보스턴다이내믹스가 개발한 스팟을 시연하면서 가까운 미래에는 '로봇이 핸드폰과 같은 일상재가 될 것'이라는 관측을 내놓기도 했습니다. 이미 국내 제조공장(SK하이닉스 공장, 기아 화성공장)에서 스팟이 경비원을 대신하여 야간 근무를 서고 있으며 롯데월드타워의 레스토랑에서 로봇이 음식을 서빙을 하고 있습니다. 우리는 가까운 미래에 로봇과 함께 근무하게 될 것입니다. 일론 머스크는 2022년 10월 1일 자체 개발한 옵티머스 로봇을 공개하며 3~5년 내로 가격을 2만 달러 이하로 낮춤으로써 상용화할 것이라고 선언했습니다.[15] 이처럼 인공지능, 로봇 등 우리가 일하는 장소에 새로운 기술

보스턴다이내믹스의 스팟

이 대거 도입되면서 윤리에 대한 논의 범위도 확장되고 있습니다.

윤리 문제는 3가지 수준, 즉 개인 윤리personal ethics, 직업 윤리profssional ethics, 정치·사회 윤리political·social ethics가 있습니다. 개인 윤리는 개인이 살아가면서 지켜야 하는 기본적인 지침과 같고 직업 윤리는 의사가 선언하는 히포크라테스 선언과 같고 정치·사회 윤리는 '우리 행동을 형성하는 제도를 어떻게 생각해야 하는가?'와 같은 고민에서 시작됐습니다. 이 지점에서 최근 하버드대학교와 스탠퍼드대학교는 인공지능 전문가와 활용하는 사람들에게 '직업 윤리'에 대한 재정립이 필요하다는 문제의식하에 임베디드 윤리학embedded ethics을 가르치고 있습니다. 기계공학과 철학 전공 교수들이 모여 인공지능을 활용할 때 어떤 윤리적 기준을 갖춰야 하는가

에 대한 문제를 다루고 있습니다.¹⁶

리더와 조직도 윤리적 사유의 근육을 키워야 한다

◇◇◇◇◇

이처럼 사회 발전과 함께 ESG에서 윤리 고민을 하기 시작했습니다. 그렇다면 우리는 무엇을 해야 할까요?

첫째, 인공지능이 학습하는 데이터의 선택과 활용에서 윤리 가이드라인을 CEO, 인공지능팀, 인사부서가 함께 고민해야 합니다. 특히 최근 인사부서는 채용과 승진 등에 인공지능을 활용하는 사례가 많은데 활용 기준과 윤리 가이드라인은 필수입니다. 이미 엔씨소프트, 네이버, 카카오 등 게임개발 기업과 IT 기업에서는 윤리 가이드라인이 마련되어 있습니다.

둘째, 데이터 기반 의사결정이 많아짐에 따라 조직 내 데이터를 관리하고 활용하는 데 기준이 필요합니다. 가령 2021년 11월 『월스트리트저널』은 페이스북이 보유한 데이터를 활용해서 비즈니스와 직원 관리에 활용했음을 폭로한 적이 있습니다.¹⁷ 이처럼 데이터 수집과 활용을 위한 내부 기준을 직원과 명확하게 소통하고 그 이용 현황도 공유해야 합니다.

셋째, 직원들 스스로 윤리적 의사결정을 위한 힘(근육)을 기르는 방법은 리더와 인사부서에서 많은 '거울'을 만들어주는 것입니다. 전 세계에서 가장 많이 활용되는 기업 윤리 교과서인 메리 C. 젠틸러Mary C. Gentile의 『지금, 상사가 부당한 일을 지시했습니까?』에 따르면 조직원들 스스로 의사결정을 돌아볼 수 있도록 자주 진단하고 코칭함으로써 윤리적 사유의 근육을 키워줄 수 있다고 합니다.

　인사부서는 디지털 전환과 ESG와 같은 큰 시대적 변화에 발맞춰 변화를 주도하는 것도 중요하지만 이러한 변화가 조직에 잘 정착하고 작동할 수 있도록 하는 지원자 역할도 해야 합니다. 윤리적 조직으로 변화하려면 구성원을 위해 많은 거울을 만들어야 함을 잊지 말아야 할 것입니다.

5장

데이터와 사례로 보는 글로벌 인재관리

1.

해외 법인 경영을
어떻게 해야 하는가

해외 법인은 주재원이 주도적으로 이끌어야 할까요? 아니면 현지인들이 해당 사업을 이끌어야 할까요? 이 오래된 논쟁을 이해하기 위해서는 배경 설명이 조금 필요합니다.

1995년 세계무역기구WTO가 출범하면서 본격적으로 세계화란 표현이 통용되기 시작했으며[1] 많은 조직이 다른 국가에 진출해서 새로운 사업 기회를 모색해왔습니다. 세계화 초창기에는 해외 사업을 시작하기 위해 본국에서 사람을 보내서 비즈니스를 했습니다. 그렇게 시작한 비즈니스가 본궤도에 오르면 그 조직은 다른 국가로 확장하기에 이릅니다. 그리고 또 다른 본사 인력을 보내서 사업을 시작합니다. 그런데 그 성과는 국가와 산업 등의 다양한 요소 등에 따라서 차이가 나타났습니다.

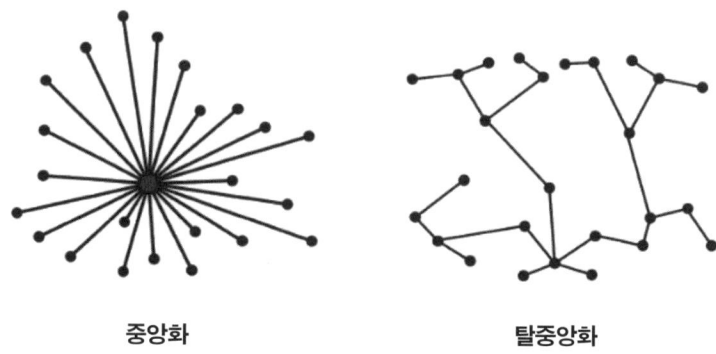

중앙화와 탈중앙화 도식

중앙화   탈중앙화

표준화인가, 현지화인가

◇◇◇◇◇

여러 조직은 그 성과 차이를 알기 위해서 여러 원인을 알아보던 중 과연 본사의 직원이 현지에서 비즈니스를 이끄는 것이 맞는지에 대한 의문을 품게 됩니다.[2] 특히 유통과 서비스 등의 산업은 현지에 대한 높은 이해가 있어야 그에 맞는 서비스를 제공할 수 있기 때문입니다. 그러면서 시작된 오래된 논쟁이 바로 표준화 대 현지화입니다. 물론 학계에서는 이미 어느 정도 결론이 난 주제(그때그때 달라요! it depends!)이지만 한국적 맥락에서는 여전히 풀리지 않는 숙제 중 하나이며 특히 인사부서에서는 더욱 난제입니다.[3] 인사부서는 사람을 다루는 영역이기 때문에 법률제도와 문화 등에 매우 민감한 영향을 받습니다. 그러므로 현지화가 맞을 것 같지만 서구권의 다국적 기업은 여전히 신흥국에 진출할 때 표준화를 강조합니다.

현지화는 성과에 어떤 영향을 미치는가

◇◇◇◇◇

필자는 영국의 한 대학과 협업 연구로 현지화가 해외 법인의 성과에 미치는 영향을 알아보기 위한 설문을 진행했으며 연구 결과를 공유하려고 합니다. 우선 현지화는 개념적으로 다양하게 정의되는데 주요 직무(영업, 마케팅, 재무, 인사 등)의 현지인 리더 비율, 주재원 비율(해외 법인 전체 임직원 숫자), 해외 법인장의 현지인 유무, 해외 법인의 전략적·운영적 자율성으로 필자는 정의했습니다. 그리고 해외 법인의 성과는 본사의 사업담당 매니저에게 영업이익, 매출, 시장점유율을 기준으로 경쟁사 대비 경쟁력을 측정하도록 했습니다. 1차 설문에 응한 해외 법인은 약 90개였으며 부분최소자승법 구조방정식모델링을 통해서 분석했습니다. 본 분석 방법은 보통 독립변수 간 관련성이 높을 때(다중공선성 문제)와 비교적 샘플 사이즈가 작을 때 유용하게 활용됩니다.

분석 결과 우선 '주요 직무의 현지인 리더 비율'이 높은 경우, '주재원 비율'이 낮은 경우, '해외 법인의 자율성'이 높은 경우 해외 법인의 성과가 높은 것으로 확인되었습니다. 흥미롭게도 CEO의 현지인 유무는 성과와는 별다른 관련성을 보이지 않았습니다. 특히 유통과 서비스 산업에서 현지화 비율이 높을수록 성과에 미치는 영향력이 더욱 크다는 것을 알 수 있었습니다. 더불어 본사 CEO의 해외 경험이 많을수록 현지화가 더욱 활발하며 성과와의 관련성도 강화되는 것을 알 수 있었습니다.

이러한 분석 결과는 직관적으로는 '당연해 보이는데?'라고 느껴

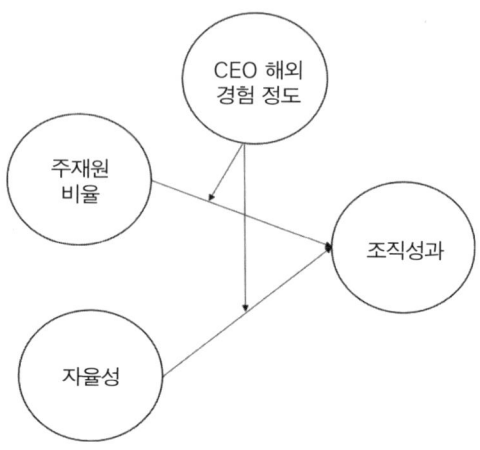

주재원 비율, 자율성, 조직성과 연구 모델

질 수 있습니다. 하지만 해외 여러 연구에서도 직무별 현지인 리더 비율, 주재원 비율, 해외 법인의 자율성이라는 다양한 변인으로 해외 법인의 성과를 설명한 사례는 극히 드뭅니다. 본 데이터 분석은 어찌 보면 당연해 보일 수 있지만 데이터 기반 의사결정에서 중요하게 여기는 가설과 그에 대한 데이터를 통해 검증한 사례라고 할 수 있습니다. 한국의 많은 다국적 기업이 현지화가 중요하다고 강조하지만 실제로 데이터를 기반으로 입증해서 보고한 바는 극히 드뭅니다. 앞으로 다국적 기업 전략과 운영에 데이터 기반 의사결정이 더욱 활발히 활용되기를 바랍니다.

2.

해외 법인 조직 운영을
어떻게 할 것인가

글로벌 기업에 현지화는 숙명과도 같이 느껴집니다. 현지 인력을 중심으로 사업 전략이 수립되고 실행된다면 마치 '현지' 회사처럼 기능할 수 있기 때문입니다. 그런데 왜 그렇게 좋아 보이는 현지화가 실제 세계에서는 성공하지 못할까요? 여러 가지 설명 중에서도 대리인 이론agency theory이 가장 잘 설명할 수 있을 것 같습니다.[4] 대리인 이론은 특정 경영 활동을 사업의 주인이 대리인에게 위임하여 운영하게 하는 전략을 의미합니다. 국제 경영에서는 본사와 해외 법인의 관계로 설명할 수 있습니다.

왜 해외 법인의 현지화가 어려운가

◇◇◇◇◇

그런데 대리인을 활용하면 큰 문제 중 하나가 바로 정보 비대칭information asymmetry이 생긴다는 것입니다. 대리인인 해외 법인은 현지에서 사업을 운영하면서 생기는 사업의 노하우와 네트워킹 등을 온전히 주인인 본사에 공유하지 않습니다. 이를 해결하기 위해서 본사는 모니터링을 강화하거나 인센티브를 높이는 방법을 활용합니다.[5] 특히 한국계 다국적 기업들은 해외 사업 역시 높은 지분율로 직접 투자하는 경우가 많기 때문에 대리인 문제가 더욱 크게 발생합니다. 그래서 현지화율이 상대적으로 낮습니다.

임시 주재원의 파견 정도를 어떻게 해야 하는가

◇◇◇◇◇

그럼에도 불구하고 한국계 다국적 기업의 현지화를 방해하는 요인에 관해서는 연구가 많이 진행되지 않았습니다. 필자는 현지화와 성과 관련 데이터에서 방해 요인에 대해서 문헌 연구와 데이터 분석을 했는데 재미있는 요인을 소개하고자 합니다. 필자는 문헌을 통해 발견한 여러 요인 중 최근 많은 관심을 받는 임시 주재원의 파견 빈도수를 살펴봤습니다. 비용 부담이 높고 최근에는 조직 구성원이 주재원에 많이 지원하지 않기 때문에 (3~4년 이상 현지에 머물며 근무하는) 전통적 의미의 주재원보다는 단기간 특수 목적으로 주재원을 파견하는 게 최근 경영 관리 트렌드입니다.[6]

따라서 필자는 임시 주재원이 현지에 얼마큼 자주 파견되어 모니터링하는지 횟수를 체크했으며 그 정도에 따라서 현지화와 성과 간 관계가 약화되는지를 살펴봤습니다. 흥미롭게도 필자의 가설대로 임시 주재원의 파견이 잦을수록 현지화와 성과 간 관계는 약해졌습니다. 이는 대리인 이론에서 설명하는 모니터링이 강화될수록 현지인들의 의사결정 자율성이 떨어지기 때문으로 추론할 수 있습니다.

이처럼 현지화 방해 요인으로 임시 주재원의 파견 정도를 데이터를 통해서 살펴봤습니다. 유통과 서비스뿐만 아니라 제조업 등의 산업에서도 권역 체계를 강화하면서 최근 현지화 전략에 더욱 박차를 가하고 있습니다. 그러므로 더욱 긴밀하게 현지화에 영향을 미치는 상황적·내부적 요인에 대해서 치밀하게 문헌 연구를 하고 데이터로 확인해야 합니다. 단순히 해외 법인 CEO를 현지인으로 선정한다고 해서 현지화가 실행되지 않는다는 것은 이미 지난 글에서도 밝힌 바 있습니다.

앞으로 현지인 중심 해외 법인을 효과적으로 운영하기 위해서는 CEO의 해외 경험과 같은 촉진 요인을 밝혀서 적극적으로 더욱 강화하고 임시 주재원 파견과 같은 방해 요인은 적극적으로 개선하려는 노력이 필요할 것입니다. 변화를 만들기 위해서는 나아가려는 목적지도 중요하지만 그 과정에 지속적으로 영향을 줄 촉진·방해 요인을 찾아서 계속 관리해야 합니다. 이런 변화 활동의 시작에 데이터 기반 의사결정이 도입되기를 바랍니다.

어떻게 현지인의 퇴직을 막을 것인가

 2020년 코로나19가 본격화된 이후 전 세계로의 이동은 전만큼 활발하지 못합니다. 빌 게이츠는 저서 『빌 게이츠 넥스트 팬데믹을 대비하는 법』에서 앞으로 코로나19와 같은 전염병이 지속적으로 창궐할 것으로 주장하는데 세계화 수준이 과거와 같지 않을 것이란 예측이 많습니다. 2022년 2월 메타(구 페이스북)가 발표한 「새롭게 떠오르는 문화culture rising」 보고서의 첫 번째 주제로 확장되는 가치expanding values가 제안되었는데 설문에 응한 3만 6,000명 중 62%가 자신을 세계 시민으로 생각한다고 응답했습니다. 그들은 세계 각지의 이벤트와 문화를 인지하고 참여하고 있음을 의미합니다. 소셜미디어는 과거보다 더욱 빠른 속도로 국경을 허물고 있음도 밝혀졌습니다.[7]

 이렇듯 코로나19의 영향에도 전 세계의 교류는 디지털 플랫폼을 활용해서 증가할 것이고 물리적 이동은 전과 같이 회복되는 데

메타의 「새롭게 떠오르는 문화」 보고서

어느 정도 시간이 걸릴 것으로 예상됩니다. 이에 다국적 기업이 현지인 중심 경영에 높은 관심을 보이고 있습니다. 그러나 현지 채용 직원들의 높은 퇴사율은 늘 글로벌 인사관리가 오랫동안 고민해온 문제입니다.[8] 기존에 여러 글을 통해서 필자는 비전 제시 부재와 급여 불만족 등이 중요한 이직 요인이라고 밝힌 바 있습니다.[9] 다만 기존 분석은 베트남이라는 맥락이 작용했으므로 다양한 맥락에서 이직 요인을 충분하게 설명하기에는 추가적인 내용이 필요했습니다. 필자는 현지화와 성과 관련 연구를 위해서 데이터를 수집하고 분석하는 중에 이직 요인에 대한 궁금증을 해결하기 위해 추가적인 문헌 연구와 분석을 진행했습니다.

해외 현지 직원의 커리어 고민을 파악해야 한다

◇◇◇◇◇◇

해외 현지 직원들과 세션을 진행하고 소통하다 보면 조직에서의 커리어 고민을 많이 이야기합니다. 특히 한국계 다국적 기업들은 해외 법인의 주요 역할을 주로 한국인 주재원으로 채우기 때문에 현지 직원들 입장에서는 결국 리더로서 비전을 생각할 수 없었습니다. 이러한 현상을 잘 설명하는 이론이 바로 심리적 계약 이론psychological contract theory[10]입니다. 조직이나 사회 구성원들은 호혜성 원칙에 따라 받은 만큼 돌려줘야 한다는 믿음을 갖고 있습니다.[11] 심리적 계약 이론은 이러한 원칙에 근거하여 조직과 구성원은 심리적으로 계약 관계에 있으며 상호 간에 주고받음에 따라서 유지되거나 깨질 수 있음을 설명합니다. 그렇기 때문에 심리적 계약 파기라는 관점에서 자주 이직을 설명합니다.

　필자가 연구한 한국계 다국적 기업의 이직 요인 역시 심리적 계약 관점에서 해외 법인의 주요 역할을 한국인 주재원들이 수행하고 있다면 현지 직원들은 좋은 성과를 내고 열심히 일해도 그에 합당한 보상이 주어지지 않는다고 인식하고 이직할 수 있다고 보았습니다. 이러한 설명을 뒷받침하기 위해 분석한 자료는 해외 법인의 주요 역할(인사담당 임원, 재무담당 임원, 마케팅담당 임원 등)에서 한국인 주재원 비율에 따라서 실질적 이직이 얼마만큼 관련성이 있는지를 보았습니다. 샘플은 앞에서도 소개한 미국, 유럽, 아시아 등에 진출한 약 90개의 한국계 다국적 기업이었습니다. 결과는 필자 예상과 같이 다국적 기업의 주요 역할이 주재원에 의해서 수행될 때 해외 법인의 이직률이 실제로 높은 것으로 드러났습니다. 즉 주재원들이 주요 자리를 차지한 법인은 실제로 현지인들의 퇴사율이 높다는 것입니다. 관련성이 다른 변수 간의 관계보다 높은 수준이었으며 예상보다도 그 수치가 크게 나왔습니다.

해외 현지 직원의 조직 몰입 요인을 알아야 한다

◇◇◇◇◇

본 연구 결과는 글로벌 인사관리 관점에서 다국적 기업의 조직 관리에 중요한 함의점을 갖습니다. 기존 글에서도 이야기한 바와 같이 코로나19와 디지털 전환 등으로 인해 현지인 중심의 경영이 중요해지는 상황에서 현지 법인이 지속적으로 현지 직원의 채용을 늘리고 육성과 유지가 중요한 주제입니다. 그러므로 현지인이 어떠한 요인에 따라서 조직에 몰입하여 지속적으로 회사에 다니는지를 알아내는 것이 매우 필요합니다. 그런 관점에서 주재원 중심의 해외 법인 경영은 현지화를 방해할 수도 있을 뿐만 아니라 현지 직원들의 이직에도 영향을 끼칠 수 있습니다. 당장은 소통과 관리의 어려움이 따를 수 있지만 장기적 관점에서 현지인 중심 경영을 위해서 그들에게 더 높은 자율성을 부여해야 합니다.

지금까지 세 편의 글을 통해서 효과적으로 해외 법인을 운영하기 위한 여러 가지 주제를 다루었습니다. 지속적 조직 성장과 인구 감소 문제를 해결하기 위해서 한국 기업은 앞으로도 더욱 적극적으로 해외 진출을 해야 합니다. 지속가능한 해외 법인이 되기 위해서는 현지인 중심 경영과 자율성을 높여야 하며 CEO의 해외 경험 역시 관심을 가져야 할 것입니다.

나오며
1인 기업가의 시대를 준비하라

"직장인은 죽었다."

이 도발적인 선언은 2005년 출간된 구본형 작가의 저서 『그대, 스스로를 고용하라』에 나옵니다. 그는 IMF 직후 우리나라에서 일어난 대규모 구조조정 사태를 보며 우리 사회에 존재하고 있던 '단단한' 암묵적 가정인 평생직장이 사라졌고 직장이 갖는 의미보다 개인 브랜드와 능력에 따른 직업이 중요함을 깨닫고 끊임없이 강조했습니다. 그 역시 평범한 직장인에서 43세부터 변화경영 작가, 전문가, 그리고 철학가로 변신을 시작했고 2013년 세상을 떠날 때까지 20편이 넘는 책을 출판했고 경영자와 직장인이 가장 만나고 싶어 하는 작가로 이름을 떨치기도 했습니다. 그가 평범하지 않은 삶을 살 수 있었던 것은 우리 삶에서 일어나는 '상시적 변화'에 대한 깨달음 덕분이었습니다. 우리는 태어나면서 죽을 때까지 끊임없이 신체적, 정신적으로 변화하고 주변을 둘러싼 환경도 바뀌는 데 자꾸 제자리에서 안정을 찾고 머물려고 합니다. 이것이 결국은 스스로를 불안정으로 끌고 간다는 아이러니를 일찍 깨달은 것입니다. 현재의 나를 계속해서 죽임으로써 새로운 미래의 나를 창조할 수 있다는 게 그의 '비밀'이었습니다.

변화, 자기경영, 강점 등 그가 남기고 간 흔적은 깊고 다양합니다. 그중에서도 '1인 기업가' 사회의 출현을 국내에서 가장 빠르게 주장하고 그 필요성을 설파했다는 점이 매우 인상 깊습니다. 전 세계 가장 영향력 있는 경영 사상가 중 한 명인 찰스 핸디 Charles Handy는 2001년 『코끼리와 벼룩』을 통해 '벼룩'으로서 살아야 할 시대가 더욱 빠르게 우리에게 다가오고 있고 어떻게 준비해야 하는가를 강조했습니다. 20세기 우리는 대기업을 중심으로 한 '코끼리'에 기대어 직장생활을 시작하고 평생을 걱정 없이 살던 시대를 살았습니다. 21세기 급속하게 변하는 시대에 '코끼리'에 기댄 삶이 안정적이지 않으며 설사 '코끼리'가 운 좋게 오랜 기간 개인의 삶을 안전하게 지켜주더라도 누구에게나 퇴직이 있고 그때부터는 무소속 형태인 작은 벼룩으로 살아야 합니다. 정년이 아무리 늘어나도 우리가 예상하는 기대수명만큼 증가하지 못합니다. 그러므로 앞으로 우리는 '벼룩'으로서 살아야 할 삶이 길어질 것입니다. 찰스 핸디 역시 이런 변화를 일찌감치 예측하고 '코끼리'에서 나와 독립적인 벼룩으로 평생을 살아가며 스스로 이론을 실험하고 몸소 보여줬습니다.

미래학자로 유명한 다니엘 핑크 Daniel H. Pink 역시 2004년 『프리에이전트의 시대』라는 책에서 개인 능력으로 조직과 계약을 맺고 살아가는 미래를 예측한 바 있습니다. 다니엘은 프리에이전트를 '원하는 시간과 장소에서 원하는 조건으로 원하는 사람을 위해 일하는 노동자'로 정의하고 앞으로의 경제는 프리 에이전트 중심으로 운영될 것으로 내다봤습니다. 찰스 핸디와 다니엘 핑크는 영국과 미국에서 2000년 초부터 조직에 속한 직장인이 아니라 독립적 경제 주체로서 개인의 삶을 대중에게 소개하기 시작했고, 구본형 작가는 2005년 국내에 관련 개념을 소개했고 18년이 지난 현재 더욱 많은 사람에게 관심을 받고 있습니다.

2001년 관련 도서가 출판되었을 때만 하더라도 신선한 메시지에 많은 독자의 관심을 끌었지만 독립된 개인으로 살아갈 경제생활이 우리나라에서는 요원하게 느껴졌고 조직에 충성하고 열심히 일하는 게 여전히 직장인이 취할 수 있는 가장 안정적이고 확실한 미래 대비책이었습니다. 그러나 우리가 지금까지 앞에서 살펴본 현재와 미래 트렌드의 중심에는 '조직 구성원으로서 개인'보다는 '특정 가치를 창출하는 독립적 경제 주체로서 개인'이 자리잡고 있습니다. 대부분 직장인 역시 평생직장은 바라지 않고 어떻게 하면 지속적으로 가치를 창출할 수 있는 사람이 될지에 관심을 쏟고 있습니다. 이런 트렌드는 이미 유럽, 미국, 캐나다에서는 보편화되었고 속도 역시 더욱 빨라질 것입니다.

그런데 어떻게 『그대, 스스로를 고용하라』가 현재와 미래에 변화하는 세상에 대응하기 위한 우리의 준비일 수 있을까요? 1장에서 미래 일자리를 데이터와 사례로 예측했습니다. 인공지능, 클라우드, 블록체인과 같은 기술이 조직에 적용되며 일자리를 새롭게 만들기도 하고 대체하기도 합니다. 그리고 새로운 기술이 도입됨에 따라 이전에 증가한 일자리도 사라질 가능성이 큽니다. 결국 기술이라는 큰 변화 동력이 일자리에 지속적 변화를 줄 것이므로 계속해서 직장인의 직무와 직업 역시 변화해야 할 것입니다. 전통적 계약 관계에서 회사가 이를 보장하지 못하고 오직 개인이 회사와 능력과 브랜드로 계약을 맺고 끊임없이 스스로 고용가능성을 관리하며 살아가야 할 시대가 되었다는 것입니다.

앞서 살펴본 대로 조직의 '탁월한 리더' 역시 끊임없이 스스로 변화할 수 있는 사람임을 데이터로 확인했습니다. 앞으로 조직을 둘러싼 환경은 정치적, 경제적, 사회적으로 더욱 빠르게 변화할 것이고 리더와 조직에 요구하는 변화 적응 능력의 중요성도 비례해서 높아질 것입니다. 회사는 변화하지 못하는 개인과 리더에게 차별적 보상과 승진을 허용하지 않을 것입니다. 개인은 회사와 계약 관계로서 지속적으로 스스로 변화하며 직장생활을 영위해야 하는 미래가 더욱 빠르게 다가올 것입니다.

그리고 데이터와 사례로 살펴본 대로 여러 직장생활의 미래 모습 역시 독립적 개인으로서 생활해야 하는 '1인 기업가' 시대가 도래했음을 보여줍니다. 메타버스, 하이브리드 워크, 주 4일제, 직원경험 모두 회사가 아니라 개인의 선택, 자율, 능력, 브랜드를 중심으로 운영되는 제도적, 환경적 변화입니다. 그러므로 다가올 미래 직장에서 우리에게 가장 중요하게 필요한 변화가 바로 '그대, 스스로를 고용하라'는 마인드셋입니다.

조직 역시 이런 준비를 도와줘야 합니다. 인사관리의 고전인 『휴

먼 이퀘이션』에서 제프리 페퍼 Jeffrey Pfeffer는 고용유연성이 높아진 현대 사회에서 조직은 도전적인 직무와 흥미로운 과제를 제공함으로써 구성원의 업무 처리 능력과 숙련을 쌓아 고용가능성을 높이는 것만이 해줄 수 있는 유일한 약속이라고 강조했습니다. 조직과 리더가 구성원의 고용가능성을 높이는 활동을 할 때 구성원의 조직 소속감과 몰입을 떨어뜨릴 것이란 걱정을 할 수 있습니다. 조직과 리더가 적극적으로 구성원의 고용가능성을 높인다는 것은 높은 고용유연성 전략을 취하겠다는 말이라 불안감을 줄 수 있습니다. 그러나 앞서 우리가 살펴본 대로 향후 디지털 전환으로 조직 내 직무를 바꾸고 새로운 기술을 익혀야 하는 리스킬링이 더욱 상시화될 것입니다. 조직이 구성원에게 제공할 수 있는 최대한 책임은 구성원이 미래에도 지속적으로 직업과 직무를 바꿀 수 있는 능력, 즉 고용가능성을 높이는 것임을 잊지 말아야 합니다.

"진정한 실업은 지금 봉급을 받을 수 있는 일자리를 가지지 못한 것이 아니라 미래의 부를 가져다 줄 자신의 재능을 자본화하지 못하는 것이다."라는 구본형 작가의 말처럼 앞으로 우리가 믿을 수 있는 것은 스스로 개발하고 끊임없이 변화함으로써 브랜딩할 수 있는 능력뿐입니다. 대학교와 정부를 포함해 어떤 조직이든 예외가 될 수 없습니다. 우리가 예측할 수 있는 미래는 지금과는 다르리라는 것과 우리가 바꿀 수 있는 가장 확실한 것은 나 스스로라는 점으로 봤을 때 가장 안정적 투자처이자 변화의 대상은 자신입니다. 물론 현재 직장에서 최선을 다해 생존하고 올라가는 것도 중요한 과제입니다. 하지만 장기적으로 혼자 독립해서 살아가야 하는 것은 누구에게나 공정하게 주어진 미래입니다. 그러므로 데이터와 사례로 미래를 들여다본 독자분들에게 필요한 마지막 다짐은 '1인 기업가'로의 전환적 태도이며 준비일 것입니다.

마지막으로 이번 책 역시 여러 분들의 도움으로 출판할 수 있었기에 감사를 표하고자 합니다. 우선 이 책이 세상에 나올 수 있도록 기회를 주시고 세심하게 편집해주신 클라우드나인 안현주 대표님, 류재운 실장님, 이지혜 디렉터님, 안선영 팀장님, 안현영 팀장님께 감사합니다. 저의 은인이며 성장이란 가치를 추구하고 펼칠 수 있도록 해주신 롯데벤처스 전영민 대표님, 국민대학교 김성준 교수님, 캘리포니아주립대학교 스티븐 교수님께 감사드립니다. 그리고 제 성장의 가장 큰 지원자인 아버지, 어머니, 장인어른, 장모님, 누나, 매형께 깊이 감사드리며 제 삶의 이유인 은미, 소민, 용민, 준우에게도 고마움을 전합니다. 앞으로도 '어제보다 성장하려는 사람을 돕습니다.'라는 미션과 가치를 실현하기 위해 최선을 다하겠습니다.

후기

세상이 참으로 빠르게 바뀝니다. 이 책을 쓰는 시점에도 정치, 경제, 사회, 기술이 너무 빠르게 변하고 있습니다. 그래서 책에 나온 내용이 지식으로서 그 의미가 오래가지 못합니다. 변화에 따라 책의 내용이 틀리기도 하니까 말입니다. 대신 책은 하나의 주제에 대한 저자의 사고법과 관점을 볼 수 있다는 점에서 우리의 가장 큰 보물입니다.

필자가 빠르게 변하는 시대를 읽는 방법은 '데이터'와 '사례'입니다. 숫자와 텍스트 등의 데이터는 제가 속한 한국과 세계의 다양한 현상과 변화를 읽을 수 있는 좋은 재료이고 여러 가지 분석법은 세상을 파볼 수 있는 도구입니다. 반면 '사례'는 바뀌는 시대에 어떻게 대응하는지에 대한 좋은 예시가 됩니다. 모든 것을 직접 체험하고 경험할 수 없습니다. 사례는 타인이 수행한 체험을 대리 경험한다는 점에서 유용합니다. 요컨대 데이터와 사례는 세상을 바라볼 수 있는 재료이자 도구이자 대리 경험으로서 우리가 미래를 준비하는 데 도움을 줍니다.

필자는 부족하지만 다양한 사람과의 관계, 너른 호기심, 그리고 학습력을 강점으로 가지고 있습니다. 이 강점으로 어제보다 성장하려는 사람을 돕기 위해서 학계와 산업계를 잇는 역할을 하고자 노력하고 있고 글과 강의로 많은 분을 뵙고 있습니다. '데이터'와 '사례'로 세상을 보고 싶어하는 독자분들을 위해 저만의 간단한 팁을 공유합니다.

우선 데이터 분석 측면에서 정량적 데이터는 머신러닝이나 딥러닝과 같은 고난이도 최신 기법도 좋지만 단순 상관이나 회귀분석으로도 변하는 세상을 이해하는 데 큰 도움이 됩니다. 코로나19 이후 직원에게 일어난 변화를 알기 위해서 이전과 이후의 조직 진단 설문조사를 평균 비교하고, 다양한 집단으로 구분해서 살펴보고, 단순 산점도 scatter plot를 그려보는 것만으로도 몰입 요소가 많이 바뀜을 알 수 있습니다. 또한 텍스트 데이터가 있다면 오픈 소스 웹 기반의 텍스트 마이닝 도구를 제공하는 보얀트 voyant-tools.org 같은 온라인 사이트에서 키워드 네트워크나 워드 클라우드를 그려보기만 해도 전체 패턴을 이해하는 데 도움이 됩니다.

둘째, 외부 데이터를 활용하는 방법입니다. 김성준과 이중학(2022)의 논문 「조직 및 인사 연구에서 빅데이터 분석 방법론 활용」에도 소개된 바 있지만 조직 현상을 이해하는 데 글래스도어, 잡플래닛, 블라인드와 같은 외부 데이터는 법적 이슈를 잘 준수한다면 좋은 재료가 됩니다. 필자 역시 이 책에서 관련 데이터를 통해 여러 조직 내 현상을 분석하고 설명했습니다. 그러나 웹에서 관련 데이터를 추출하는 데 어려움을 겪거나 두려워하는데 최근 옥토파스Octoarse와 같은 노코드no-code 프로그램은 웹 크롤링을 쉽게 도와줍니다. 옥토파스 같은 솔루션을 활용해서 잡플래닛, 글래스도어 등 데이터를 활용해서 기업 내 목소리를 듣는 것도 유용할 것입니다.

셋째, 국내외 사례를 정기적으로 볼 수 있는 가장 좋은 방법은 역시 여러 조직과 관계를 구축하는 것입니다. 물론 처음부터 다양한 조직의 구성원들과 네트워킹을 목적으로 만나기는 쉽지 않습니다. 피터 드러커가 인간관계는 적금과 같다고 말한 것처럼 관계는 한순간 맺어지는 것이 아니라 인연을 가진 후 지속적으로 관리하고 도움을 주고받으며 탄탄하게 만드는 것입니다. 상대적으로 빠른 방법 중 하나가 대학원 공부를 하면서 희로애락을 함께 거치면 여러 조직의 구성원들과 빠르게 관계를 만들 수 있을 것입니다.

넷째, 필자는 페이스북과 링크드인을 통해 스타트업, 국내 기업, 해외 기업의 최근 동향을 파악하고 있습니다. 관련 조직에서 근무하는 분들과 관계를 맺어두면 최근 여러 주요 이슈를 비교적 손쉽게 알 수 있으며 궁금한 점이 있으면 물어볼 수도 있습니다. 물론 이 관계 역시 일방적으로 얻기만 해서는 안 되고 다양한 자료 공유를 통해 내 피드 또한 도움이 된다는 인상을 줘야 합니다.

이 책은 지금 이 순간 우리가 고민하는 조직, 리더, 인사부서의 이야기와 미래에 다가오게 될 변화를 조금 빠르게 제시했습니다. 다시 한번 강조하지만 변화는 필연적입니다. 우리가 바꿀 수 있는

건 스스로라는 생각으로 끊임없이 변화를 감지하고 스스로 변화하는 것입니다. 오늘도 변화에 적응하며 최선을 다한 독자분들에게 박수를 보내며 이 책을 마칩니다.

출처

들어가며

1. R. Kohavi and G.H. John, "Wrappers for Feature Subset Selection," Artificial Intelligence, vol. 97, nos. 1-2, pp. 273-324, 1997.

2. 이중학 & 스티븐. (2022). People Analytics 사례: 성과 예측 모델 및 효과적 의사결정 시점 연구. 경영과 사례연구, 44(2), 41-59.

1장 데이터와 사례로 보는 일의 미래

1. https://news.einfomax.co.kr/news/articleView.html?idxno=4222519

2. 이중학 & 스티븐. (2021). 데이터로 보는 인사이야기: People Analytics 가이드북, 플린비디자인.

3. Frey, C.B., & Osborne, M.A. (2017). The future of employment: How susceptible are jobs to computerisation? Technological Forecasting and Social Change, 114, 254-280.

4. World Economic Forum (WEF) (2016), *The future of jobs: employment, skills and workforce strategy for the fourth industrial revolution*. Retrieved from http://www3.weforum.org/docs/WEF_Future_of_Jobs.pdf

5. World Economic Forum (WEF) (2020), *The future of jobs report 2020*, Retrieved from https://www.weforum.org/reports/the-future-of-jobs-report-2020/

6. MIT. (2020). *The work of the future*: Building better jobs in an age of intelligent machines. Retrieved from https://workofthefuture.mit.edu/wp-content/uploads/2021/01/2020-Final-Report4.pdf

7. Microsoft (2020). *Preparing for AI: The implications of Artificial Intelligence for jobs and skills in Asian Economies*. Retrieved from https://news.microsoft.com/wp-content/uploads/prod/sites/43/2019/08/MS_Report_R2-1-pg-view-002.pdf

8. Curado, C. (2016). Human resource management contribution to innovation in small and medium-sized enterprises: A mixed methods approach. *International Journal of Human Resource Management, 27*, 79-90.

9. https://www.mk.co.kr/news/economy/view/2022/08/757403/

10. https://aws.amazon.com/ko/sagemaker/low-code/

11. https://xtech.nikkei.com/atcl/nxt/mag/nc/18/NC_backnumber/20211111/

12. https://www.joongang.co.kr/article/25097348

13. https://biz.chosun.com/international/international_economy/2022/05/27/563DMXGQBZGRJA4V4CPIPSPUP4/

14. https://kosis.kr/visual/populationKorea/PopulationByNumber/PopulationByNumberMain.do?mb=Y&menuId=M_1_1

15. https://sgsg.hankyung.com/article/2019040535361

16. https://www.facebook.com/business/news/insights/culture-rising-2022-trends-report

17. 이중학, 김성준, 채충일 (2021). 텍스트 마이닝(text-mining)을 활용한 코로나19 시대의 위기 리더십 분석 및 제안: People Analytics 사례. 기업경영연구, 28(6), 15-33.

18. https://www.hankyung.com/it/article/202208090175i

19. https://www.hankyung.com/realestate/article/2022051218071

20. https://view.asiae.co.kr/article/2022081011160292673

21. https://biz.chosun.com/industry/company/2022/08/20/IBR6JFC2RFD35CJUV2SJOYKJR4/?utm_source=naver&utm_medium=original&utm_campaign=biz

22. https://www.acmpnorcalchapter.org/changemanagement-articles

23. https://fortune.com/2022/05/02/apple-workers-unhappy-return-to-the-office-hybrid-work-pandemic/

24. https://www.sap.com/insights/what-is-employee-experience.html

25. http://www.omniconnect.co.kr/

26. Hoppe, S., Loetscher, T., Morey, S.A., & Bulling, A. (2018). Eye movements during everyday behavior predict personality traits. Frontiers in Human Neuroscience, 12, 105.

27. http://www.omniconnect.co.kr/

28. 김성준, 이중학. (2022). 조직과 인사 연구에서 빅데이터 분석 방법론 활용. 46(2), 85-122.

29. Yu, Z., & Zhang, C. (2015). Image based static facial expression recognition with multiple deep network learning. Proceedings of the 2015 ACM on International Conference on Multimodal Interaction, 435-442.

30. https://www.biopac.com/product/facereader-software/

31. Choudhury, P., Wang, D., Carlson, N. A., & Khanna, T. (2019). Machine learning approaches to facial and text analysis: Discovering CEO oral communication styles. Strategic Management Journal, 40(11), 1705-1732.

32. 김성준, 이중학. (2022). 조직과 인사 연구에서 빅데이터 분석 방법론 활용. 46(2), 85-122.

33. https://www.techm.kr/news/articleView.html?idxno=98916

34. Hickman, L., Bosch, N., Ng, V., Saef, R., Tay, L., & Woo, S. E. (2022). Automated video interview personality assessments: Reliability, validity, and generalizability investigations. *Journal of Applied Psychology, 107*(8), 1323-1351.

35. https://www.glassdoor.com/employers/blog/4-more-ways-to-increase-employee-retention/

36. https://www.bcg.com/publications/2022/why-deskless-workers-are-leaving-and-how-to-win-them-back

37. https://www.bamboohr.com/resources/ebooks/the-new-hire-onboarding-checklist-everything-you-need-to-know/

38. https://www.hollylee.co/landing-a-job-at-amazon-onboarding/

39. https://financesonline.com/bamboohr-pros-cons-award-winning-hr-system/

40. https://www.microsoft.com/en-us/worklab/work-trend-index

41. https://www.who.int/health-topics/mental-health#tab=tab_1

42. https://blogs.cisco.com/news/expanding-well-being-care-beyond-our-employees-in-response-to-코로나19

43. https://blog.naver.com/bjh438/222530610935

44. 배수정 (2020.10.14). 직원들의 코로나 블루를 잡아라! SERICEO.

45. https://www.ableto.com/news/ableto-acquires-joyable-2019/

46. https://www.humu.com/blog/your-humu-nudges-now-all-in-one-place

47. https://www.2e.co.kr/news/articleView.html?idxno=301755

48. https://www.nytimes.com/2018/12/31/technology/human-resources-artificial-intelligence-humu.html

49. https://www.mk.co.kr/news/world/view/2022/08/771837/

50. https://www.payscale.com/salary-negotiation-guide/what-is-pay-transparency/

51. 배수정 (2022.02.24). 보상, 어디까지 투명해야 할까? SERICEO.

52. https://www.ibm.com/kr-ko/topics/customer-experience

2장 데이터와 사례로 보는 직장의 미래

1. https://news.mt.co.kr/mtview.php?no=2020012015510098429

2. https://www.khan.co.kr/world/world-general/article/201911051103011

3. https://www.ekn.kr/web/view.php?key=20221130010006100

4. https://www.kita.net/cmmrcInfo/cmmrcNews/overseasMrktNews/overseasMrktNewsDetail.do?pageIndex=1&type=0&nIndex=1819766

5. Lee, D.W., Lee, J., Kim, H.R., & Kang, M.Y. (2020). Association of long working hours and health-related productivity loss, and its differential impact by income level: A cross-sectional study of the Korean workers. Journal of Occupational Health, 62(1), e12190.

6. https://www.donga.com/news/Inter/article/all/20220412/112836860/1

7. https://www.etoday.co.kr/news/view/2153485

8. https://www.youtube.com/watch?v=k9ILwBZ1C48

9. https://www.saramin.co.kr/zf_user/help/live/view?idx=108384&listType=news

10. https://www.samsung.com/sec/aboutsamsung/vision/philosophy/samsung-spirit/

11. https://www.hyundai.com/kr/ko/company-intro/info/ideology

12. 김성준, 김보영(2022). 삼성 이병철 회장의 경영철학: 구조적 토픽모델을 활용한 탐색적 연구. Korean Management Review, 51(2), 331-368.

13. https://www.chosun.com/economy/tech_it/2022/08/24/FKGQNEQ-ZLFEGXENLK7HZFA6CP4/

14. https://news.sbs.co.kr/news/endPage.do?news_id=N1006851227&plink=ORI&cooper=NAVER

15. 이중학 (2019). 동그란 네모 그리기. 기민한 조직에 필요한 공유 리더십. HR Insight (21년 3월호)

16. https://ko.wikipedia.org/wiki/%EA%B6%8C%EC%9C%84%EC%9D%98_3%EA%B0%80%EC%A7%80_%EB%B6%84%EB%A5%98

17. https://www.news1.kr/articles/?4402561

18. https://www.mckinsey.com/featured-insights/future-of-work/skill-shift-automation-and-the-future-of-the-workforce

19. https://www.yna.co.kr/view/AKR20200213053900030

20. https://www.oracle.com/a/ocom/docs/applications/hcm/ai-at-work-ebook.pdf

21. https://it.chosun.com/site/data/html_dir/2021/02/16/2021021601024.html

22. Aloisi A., De Stefano V., Your Boss Is an Algorithm. Artificial Intelligence, Platform Work andLabour, Hart Publishing, Oxford, 2022

23. https://blog.webex.com/video-conferencing/collaboration-in-the-age-of-ai-how-cisco-is-pioneering-the-use-of-ai-and-emerging-technology-within-collaboration/

24. https://hbr.org/2019/03/digital-transformation-is-not-about-technology

25. 신동훈, 이승윤, 이민우. (2021). 디지털로 생각하라: 관점을 바꾸면 고객이 보인다. 북스톤.

26. 구본형 (2007). 익숙한 것과의 결별. 을유문화사.

27. 존 코터. (2007) 기업이 원하는 변화의 리더. 김영사.

28. 존 코터, 홀거 래스거버. (2019). 빙산이 녹고 있다고? 펭귄에게 배우는 변화의 기술. 김영사.

29. https://www.scopism.com/questionnaires/digital-transformation-readiness-assessment/

30. Hambrick, D.C., & Mason, P.A. (1984). Upper Echelons: The organization as a reflection of its top managers. Academy of Management Review, 9(2). 193-206.

3장 데이터와 사례로 보는 요즘 인사

1. Barney, Jay (1991). Firm Resources and Sustained Competitive Advantage. Journal of Management. 17(1), 99-120.

2. 김성준(2020) 조직문화 통찰: 우리 조직의 운영체제는 무엇인가. 클라우드나인.

3. 강성춘 (2020). 인사이드 아웃: 사람이 만드는 기업의 미래. 21세기북스.

4. 김성준 (2022), 최고의 조직. 포렌체.

5. Choi, J.N. (2007). Change-oriented organizational citizenship behavior: effects of work environment characteristics and intervening psychological processes. Journal of Organizational Behavior, 28(4), 467-484.

6. 엔젤라 더크워스. (2019). 그릿 GRIT: IQ, 재능, 환경을 뛰어넘는 열정적 끈기의 힘. 비즈니스북스.

7. 사티아 나델라. (2018). 히트 리프레시. 마이크로소프트의 영혼을 뒤찾은 사티아 나델라의 위대한 도전. 흐름출판.

8. Gangon, M.A., Jansen, K.J., & Michael, J.H. (2008). Employee Alignment with Strategic Change: A Study of Strategy-supportive Behavior among Blue-collar Employees. Journal of Managerial Issues, 20(4), 425-443.

9. Manyena, S.B. (2006). The concep of resilience revisited. Disasters, 30(4), 434-

450.

10. Riketta, M. (2005). Organizational identification: A meta-analysis. Journal of Vocational Behavior, 66(2), 358-384.

11. https://ko.wikipedia.org/wiki/%EB%8B%A4%EC%A4%91%ED%9A%8C%EA%B7%80%EB%B6%84%EC%84%9D

12. 박원우, 김미숙, 정상명, 허규만 (2007). 동일방법편의(Common Method Bias)의 원인과 해결방안. 15(1), 89-133.

13. 이중학, 스티븐김, 송지훈, 장다니엘 (2020). HR 애널리틱스 연구 및 실무에서의 베이지안 통계 활용: 퇴임 임원 데이터를 중심으로. 조직과 인사관리연구, 44(3), 83-104.

14. Reeb, D., Sakakibara, M., & Mahmood, I.P. (2012). From the editors: Endogeneity in international business, research. Journal of International Business Studies, 43, 211-218.

15. Fuller, C.M., Simmering, M.J., Atinc, G., Atinc, Y., & Babin, B.J. (2016). Common methods variance detenction in business research, 69(8), 3192-3198.

16. https://www.its.vic.edu.au/blog-post/growth-mindset-vs-fixed-mindset-which-one-are-you/

17. https://www.saramin.co.kr/zf_user/hr-magazine/series-view?hr_series_idx=26&hr_idx=245

18. Worley, C. G., & Lawler, E. E. (2010). Agility and organization design. Organizational Dynamics, 39, 194-204.

19. Hair, J. F., Hult, G. T. M., Ringle, C. & Sarstedt, M. (2017). A primer on partial least squares structural equation modelling (PLS-SEM). Sage Publications.

20. 임창현, 위영은, 이효선 (2017). 학습민첩성(learning Agility) 측정도구 개발 연구. HRD연구, 19(2), 81-108.

21. Chakraborty, G.; Pagolu, M.; and Garla, S. Text Mining and Analysis: Practical Methods, Examples, and Case Studies Using SAS. Cary, NC: SAS Institute, 2014

22. 김성준, 이중학, 채충일. (2021). 꼰대, 한국기업 조직문화 차원의 탐구. 조직과

인사관리연구, 45(2), 1-35.

23. 장재윤, 최연재, 강지연. (2020). 국내 ICT 업종 종사자들의 직장에 대한 불만 요인 분석 및 전/현직 간 차이 분석: 토픽 모델링 적용. 한국심리학회지:일반, 39(3), 445-480.

24. Blei, D. M., Ng, A. Y., & Jordan, M. I. (2003), Latent dirichlet allocation. Journal of Machine Learning Research, 3(Jan), 993-1022.

25. https://tech.kakao.com/2021/06/25/kakao-ai-recommendation-01/

26. 이중학, 김성준, 김영상, 성상현. (2021). 비윤리적 행동으로서의 지배성향 진단 개발 및 타당화: 한국 기업 사례를 중심으로. 윤리경영연구, 21(2), 1-19.

27. Padilla, A., Hogan, R., & Kaiser, R. (2007). The toxic triangle: Destructive leaders, susceptible followers, and conducive environments. The Leadership Quarterly, 18(3), 176-194.

28. https://www.newstomato.com/ReadNews.aspx?no=997916

29. https://www.weforum.org/agenda/2022/06/the-great-resignation-is-not-over/

30. https://www.mckinsey.com/business-functions/people-and-organizational-performance/our-insights/great-attrition-or-great-attraction-the-choice-is-yours

31. https://www.chosun.com/economy/economy_general/2022/07/28/XN7JQOYT2RFXZJ2L7T2N3DHH64/?utm_source=naver&utm_medium=referral&utm_campaign=naver-news

32. 조영태 (2021) 인구 미래 공존: 인구학의 눈으로 기획하는 미래.

33. https://newsis.com/view/?id=NISX20220802_0001964696&cID=13001&pID=13000

34. 이중학, Stevn Kim (2022). People Analytics 사례: 성과 예측 모델 및 효과적 의사결정 시점 연구, 경영과 사례연구, 44(2), 41-59.

35. 이중학, 스티븐, 송지훈, 채충일. (2020). HR analytics 연구 및 활용에서의 가설 검정과 예측의 차이점: Assessment Center 사례를 중심으로. 조직과 인사관리연구, 44(2), 103-123.

36. Brockner, J. (1979). The effects of self-esteem, success-failure, and self-con-

sciousness on task performance. Journal of Personality and Social Psychology, 37(10), 1732 – 1741.

4장 데이터와 사례로 보는 DEI와 ESG

1. https://www.ey.com/en_gl/diversity-inclusiveness

2. https://www.economist.com/graphic-detail/glass-ceiling-index

3. https://news.g-enews.com/article/Global-Biz/2022/07/202207241320254456 9a1f309431_1?md=20220724132932_U

4. https://www.vimepoint.com/analytics

5. https://news.kbs.co.kr/news/view.do?ncd=5485164

6. https://s-space.snu.ac.kr/handle/10371/161700

7. Tajfel, H. (1978). Social identity and intergroup behaviour. Social science information,13(2).

8. Larkey, L. K. (1996). The development and validation of the workforce diversity questionnaire-an instrument to assess interactions in diverse workgroups. Management Communication Quarterly, 9(3), 296-337.

9. Williams, K. Y., & O'Reilly, C. A. (1998). Demography and diversity in organizations. In B. Staw and L. L. Cummings(Eds.). Research in organizational behavior 20. Greenwich, CT: JAI Press Inc., 77-140.

10. Tett, R.P. & Meyer, J.P. (1993). Job satisfaction, organizational commitment, turnover intention, and turnover: Path analyses based on meta-analytic findings, Personnel Psychology, 46(2), 259-293.

11. 오인수, 김광현, Darnold, T.C. 황종오, 유태용, 박영아, 박량희, 직무만족, 조직몰입, 성과, 이직의도 간의 관련성: 문헌고찰 및 메타분석, 인사조직연구, 15(4), 43-86.

12. https://www.impacton.net/news/articleView.html?idxno=163

13. https://papers.ssrn.com/sol3/papers.cfm?abstract_id=2508281

14. 어승수, 이중학, 김영상. (2022). 간접차별의 국내 채용 맥락에서의 검증, 조직과 인사관리연구, 46(1), 83-108.

15. https://zdnet.co.kr/view/?no=20221002094436

16. 윤송이(2022). 가장 인간적인 미래: 공멸의 시대에서 공존의 시대로. 웨일북.

17. https://time.com/6097704/facebook-instagram-wall-street-journal/

5장 데이터와 사례로 보는 글로벌 인재관리

1. https://www.mofa.go.kr/www/wpge/m_3890/contents.do

2. Yang, I., & Pak, Y.S. (2022). Staff localization strategy and host country nationals' turnover intention. The International Journal of Human Resource Management. International Journal of Human Resource Management. 33(2), 1916-1941.

3. Wong, C. S., & Law, K. (1999). Managing localization of human resources in the PRC: A practical model. Journal of World Business, 34(1), 26 – 40.

4. Eisenhardt, K.M. (1989). Agency theory: An assessment and review. Academy of Management Review, 14(1).

5. Shapiro, S.P. (2005). Agency theory. Annual Review of Sociology, 31, 263-284.

6. Minbaeva, D.B., & Michailova, S. (2004). Knowledge transfer and expatriation in multinational corporations: The role of dissenminative capacity. Employee Relations, 26(6), 663-679.

7. https://www.facebook.com/business/news/insights/culture-rising-2022-trends-report

8. Lee, J., Steven, B., Chae, C., & Lee, J. (2019). Career growth opportunity on turnover intention: The mediating role of organizational commitment in multinational corporations. International Journal of Human Resources Studies, 9(4), 1-18.

9. 이중학 (2019) 롯데 베트남 현지직원들이 퇴사이유. 인사관리, 355호. 채충일. 스티브리(2021). 베트남 현지 직원은 왜 이직할까? 또 다른 방법으로 들여다보기. HR insight, 21년 4월호.

10. Zhao, H., Wayne, S.J., Glibkowski, B.C., & Bravo, J. (2007). The impact of psychological contract breach on work-related outcomes: A meta-analysis. Personnel Psychology, 60, 647-680.

11. Gouldner, A. W. (1960). The norm of reciprocity: A preliminary statement. American Sociological Review, 25(2), 161-178.

데이터와 사례로 보는
미래의 직장

초판 1쇄 인쇄 2023년 2월 14일
초판 1쇄 발행 2023년 2월 21일

지은이 이중학
펴낸이 안현주

기획 류재운 이지혜 **편집** 안선영 박다빈 **마케팅** 안현영
디자인 표지 정태성 본문 장덕종

펴낸 곳 클라우드나인 **출판등록** 2013년 12월 12일(제2013-101호)
주소 우) 03993 서울시 마포구 월드컵북로 4길 82(동교동) 신흥빌딩 3층
전화 02-332-8939 **팩스** 02-6008-8938
이메일 c9book@naver.com

값 18,000원
ISBN 979-11-92966-03-8 03320

* 잘못 만들어진 책은 구입하신 곳에서 교환해드립니다.
* 이 책의 전부 또는 일부 내용을 재사용하려면 사전에 저작권자와 클라우드나인의 동의를 받아야 합니다.

* 클라우드나인에서는 독자 여러분의 원고를 기다리고 있습니다.
  출간을 원하시는 분은 원고를 bookmuseum@naver.com으로 보내주세요.

* 클라우드나인은 구름 중 가장 높은 구름인 9번 구름을 뜻합니다. 새들이 깃털로 하늘을 나는 것처럼 인간은 깃 펜으로 쓴 글자에 의해 천상에 오를 것입니다.